# Cómo hacer de tu hijo un lector

# Cómo hacer de tu hijo un lector

Milagros Oya

ESPASA PRÁCTICO

ESPASA PRÁCTICO

Diseño de cubierta: Juan Pablo Rada - Paso de Zebra
Diseño de interiores de la colección: Herederos de Juan Palomo
Imagen de cubierta: Juan Pablo Rada - Paso de Zebra



Depósito legal: M. 15.188-2004
ISBN: 84-670-1441-5



Espasa, en su deseo de mejorar sus publicaciones, agradecerá cualquier sugerencia que los lectores hagan al departamento editorial por correo electrónico: sugerencias@espasa.es

Impreso en España / Printed in Spain
Impresión: UNIGRAF, S. L.

Editorial Espasa Calpe, S. A.
Complejo Ática – Edificio 4
Vía de las Dos Castillas, 33
28224 Pozuelo de Alarcón (Madrid)

# Índice

# Agradecimientos

Quiero dar las gracias a todos los niños de la provincia de Pontevedra con los que he charlado en los últimos años y que han tenido la deferencia de comentarme sus experiencias más íntimas con la lectura. También deseo recordar a todos los visitantes de mi web personal **www.encomix.es/~milaoya,** padres y niños, procedentes de todos los rincones del planeta, que han tenido la amabilidad de hacerme llegar sus inquietudes tanto lectoras como de preocupación por sus hijos. Y desde luego, no podía olvidar a Margarita Mouriño Lourido, pedagoga y profesora que me asesoró siempre que consideró oportuno y a la que debo también parte de este libro. Entre todos lo hemos hecho.

Mi más sincero agradecimiento.

MILAGROS OYA MARTÍNEZ

# Presentación

Este pequeño manual práctico pretende dar a los padres unas sencillas pautas de muy fácil seguimiento para evitar la problemática de la falta de afición de los niños a la lectura.

No nos interesan las posturas pedagógicas ni las tendencias literarias, sólo deseamos mostrar el camino de un modo sencillo y asequible para que todos los padres sepan cómo animar a sus hijos a leer.

No es relevante el nivel intelectual de los progenitores ni su posición social. La lectura debe estar al alcance de todos los niños, sin ningún tipo de distinción. Es el único modo de lograr una sociedad más igualitaria, más justa, más culta y más libre.

Cualquier padre que siga las consignas de este libro a la hora de educar a sus hijos para la lectura, independientemente de su experiencia en el mundo de la literatura, conseguirá un éxito rotundo —las posibilidades de fracaso son muy escasas—. El amor, la atención y este manual son suficientes para empujar a los niños hacia el conocimiento y hacia un nivel intelectual superior.

Es fácil introducir hábitos de lectura en los pequeños. Sólo es cuestión de proponérselo y de dedicarles tiempo a nuestros hijos. Al fin y al cabo son el valor más importante de nuestra sociedad.

Capítulo 1

# La importancia de la lectura

Analizar la importancia de la lectura para el desarrollo de la humanidad ocuparía por lo menos una docena de libros. En 1440 Johannes Gutenberg inventa la imprenta y da así el primer paso en pro de extender la cultura a lo largo y ancho de nuestro planeta. Hasta ese momento escribir y leer era patrimonio de unos pocos elegidos. Sólo ellos tenían acceso a los conocimientos, experiencias, impresiones y descubrimientos de otros hombres anteriores que habían conseguido plasmar su trabajo en libros manuscritos. Los demás seguían sujetos a la batalla oral de transmitir a los suyos, en forma de historias o fábulas, hechos considerados importantes que habían marcado a la sociedad o grupo. Gutenberg abrió la puerta a lo que ahora llamamos «aldea global». Los libros cubrieron el horizonte y permitieron a cualquier persona lectora tener acceso al conocimiento. La humanidad comenzó entonces a avanzar algo más deprisa. Todavía sólo los elegidos eran instruidos en el arte de la lectura y la escritura, sólo ellos podían elevarse sobre las cabezas del resto de la población y entender muchos de los misterios que el trabajo de hombres anteriores había resuelto ya.

Afortunadamente hoy estamos muy lejos de aquel delicado y duro principio. Nuestros hijos aprenden a leer en la escuela a la temprana edad de seis años. A partir de entonces la puerta está franca para ellos. Sin embargo, en este mundo de posibilidades, de medios para todos, siempre hay quien se queda fuera. A nosotros, los padres, nos corresponde evitar esta terrible situación, que sencillamente significaría condenar a nuestros pequeños a una existencia menor, la de aquellos marginados que sencillamente no «conocen».

Obviamente, quien haya adquirido este manual sabe lo importante que es para el desarrollo de su hijo la afición por la lectura. Nosotros no podríamos más que agregar alguna que otra ocurrencia. Así y todo, es nuestra obligación intentar convencer a algunos de los padres que todavía no son conscientes de la trascendencia de este hábito. Quizá este volumen caiga por casualidad en sus manos. El destino puede brindarnos esa oportunidad y no debemos desecharla.

¿Qué les parece el término «éxito»? Hoy todo el mundo parece manejarlo y comprenderlo. Si tuviéramos que traducirlo en términos económicos no nos serviría, puesto que no podemos asegurar que un niño lector consiga en el futuro un puesto de trabajo mejor remunerado que uno que no lea. A pesar de ello, lo que sí podemos afirmar, sin temor a equivocarnos, es que una persona lectora alcanza un nivel intelectual superior a otra que jamás haya abierto un libro. La constatación de este hecho no es más que la consecución de conocimiento, experiencia, profundidad y comprensión del entorno. Sin lugar a dudas esto nos conduce a la libertad, y en muchos casos a la felicidad.

Los padres lectores —estamos seguros— coinciden en esta apreciación. El amor por la lectura y la preocupación al comprobar que sus pequeños no abren un libro si no es obligados por los profesores posiblemente sea lo que los haya llevado a buscar ayuda en este manual. Aquellos que todavía no entiendan la importancia de su intervención en la falta de amor de sus hijos por la literatura, posiblemente duden que el hecho de leer pueda lograr la felicidad en ningún ser humano. Quizá conozcan todavía a gentes que jamás hayan contemplado ni de lejos un volumen y que se consideren completamente felices.

No pongo en duda que en tiempos pasados pudiese llegar a ocurrir esto. Hoy las cosas son distintas. El hecho de que en nuestro país se registren unos índices de lectura cada vez más bajos debería hacernos reflexionar sobre la importancia que tiene educar correctamente a los niños, una tarea que compete tanto a los padres como a los educadores. La sociedad que hemos creado es muy compleja, competitiva, dura y normalmente excluyente. Las mentes abiertas, las que ya han tenido contacto con la literatura y con ella han husmeado en los pensamientos de otros, en sucesos extraños, ajenos a su vida y muchas veces lejanos en el tiempo y en el espacio, son las más preparadas para resistir. Es éste un hecho irrefutable que los padres no deberían perder de vista. Para educar a un niño no sólo es importante obligarlo a hacer las tareas de la escuela, no sólo es fundamental que sepa de matemáticas o de geografía, debe saber de la vida y de las personas, de sentimientos, debe saber de libros. Si los maneja, si aprende a leer con alegría, si disfruta de la pasión de la lectura, su éxito en la vida está más que asegurado, independientemente de que en el futuro escoja ser fontanero o neurocirujano. Será persona, una persona capaz de informarse y de ver la realidad del mundo no sólo a través de sus ojos sino de los ajenos.

**Recuerda**

☞ Juan Luis Arsuaga, el famoso paleontólogo de Atapuerca, nos dice que ésa es exactamente la esencia de la humanidad: ser capaz de ponerse en el lugar de otro e imaginar ser una persona distinta por un instante. Según esto, la lectura nos convertiría en verdaderos seres humanos.

No sé si habremos conseguido persuadir a los padres más indiferentes. Nos gustaría contar con mayor capacidad de convicción para hacerles ver que en sus manos está el futuro de los más pequeños. Que mucha de su felicidad depende de que hoy tomen cartas en el asunto y se pongan manos a la obra. Si los niños aún no han alcanzado la adolescencia, estamos a tiempo. En caso contrario, la tarea sería mucho más ardua y nadie podría asegurar el éxito.

Los más jóvenes todavía pueden ser conquistados para la lectura. Los mares del Sur, los helados polos, los castillos, las hadas, las brujas, los investigadores..., en resumen, la aventura les está aguardando para sumergirlos en el maravilloso mundo de la fantasía. No podemos permitirnos negárselo.

Capítulo 2

# La lectura desde el vientre materno

Aficionar a nuestros hijos a la lectura no es tan difícil si desde el primer momento somos conscientes de esta necesidad. La tan valiosa costumbre —que parece estar perdiéndose— de leerles a los pequeños un cuento antes de dormir debe ser recuperada urgentemente.

Como reza este epígrafe, desde el vientre materno el niño puede ya ser un atento lector. Obviamente en este momento —y en los posteriores hasta que aprenda a leer— son sus padres, hermanos o parientes los que deben realizar todo el trabajo.

El hecho mismo de observar a los adultos con un libro entre las manos ya es un paso adelante. Ni siquiera es necesario poseer grandes medios para disponer de una abultada biblioteca. A los niños les encanta escuchar siempre el mismo relato, hasta que casi son capaces de recitarlo de memoria. Lo que nos queda a los progenitores es no olvidar esa pequeña labor de todas las noches: el relato del cuento. En cuanto el pequeño tenga capacidad, él mismo pedirá el volumen para hojearlo y disfrutar de las ilustraciones que los libros para primeros lectores siempre contienen. En esta etapa le leeremos todas las noches, preocupándonos de utilizar un dedo para seguir las líneas del cuento. Esto le ayudará, en primer lugar, a percatarse de que se escribe de izquierda a derecha, y en segundo lugar, a darse cuenta de que son las palabras que se señalan las que son pronunciadas y las que, al fin y al cabo, encierran la clave para desentrañar la historia que tanto le gusta.

A partir de los seis o siete meses el pequeño disfruta ya con un libro adecuado a su edad. Nos referimos al típico ejemplar de plástico o tela que puede manosear e incluso morder, con enormes dibujos de vivos colores. Al principio sólo lo manipulará con manos y dientes, pero pronto, cerca del año, reparará en los colores, formas y después comenzará a identificar las imágenes. El libro puede acompañarlo al baño, a la cama e incluso de paseo. Aunque nuestro hijo se haya pasado el día jugando con el volumen, cada noche lo abriremos juntos; entonces le hablaremos de las ilustraciones, de los colores, de los personajes... Nos sorprenderemos con cada nueva página, demostraremos lo excitante y maravilloso que nos parece y le haremos saber lo afortunado que es por disponer de un objeto tan asombroso.

No debemos olvidarlo. Es muy sencillo. LEERLES CUENTOS. Nada más que eso. Noche tras noche, noche tras noche. Sin un solo día de descanso. Incluso cuando el niño ya sepa leer. El instante en el que debemos abandonar esta sana costumbre nos lo indicará nuestro propio hijo. Llegará un momento en el que preferirá ser él mismo el que lleve la batuta de la lectura.

Es muy difícil que siguiendo esta sencilla norma —leer cuentos antes de dormirse— no consigamos un lector asiduo y fervoroso. Aun así no debemos bajar la guardia. En la actualidad los niños leen menos que en otros tiempos, sencillamente porque disponen de muchos otros entretenimientos. No es que sean más superficiales que lo fuimos sus padres, únicamente sucede que cuentan con medios a su alcance que nosotros ni siquiera nos atrevíamos a imaginar. De todas formas la responsabilidad es siempre de los padres. A ellos les corresponde tomar medidas para que ninguna afición sea obsesiva. La variedad de actividades es enriquecedora. Por supuesto ninguna debe desplazar por completo a la lectura. Además, para ella ya habremos reservado un hueco en nuestra vida cotidiana. Si hemos obrado con diligencia y jamás hemos olvidado la máxima de un cuento antes de dormirse, de ahora en adelante y hasta el final de sus días, el pequeño sentirá la necesidad de leer al menos una página para conciliar el sueño. Es así de sencillo. En ese momento el niño habrá sido conquistado definitivamente para la lectura.

Esta norma es tan importante como seguir estrictamente el calendario de vacunas que nos ofrece el pediatra. El problema lector que acucia a nuestros pequeños se debe simplemente a un abandono social de la parte intelectual del niño. La escuela no lo puede todo, como no lo puede el pediatra y por ello nos da claras indicaciones de cuál debe ser nuestro comportamiento en referencia a los alimentos que deberá ingerir en las distintas etapas de crecimiento, de tal manera que su desarrollo físico sea el óptimo; así como nos parece normal que, llegado el instante oportuno, tengamos que preparar papillas con verduras o con carne, pues del mismo modo y con el mismo talante, debemos estar alerta sobre la lectura en busca de un desarrollo intelectual idóneo, y recordaremos que, cada noche, tendremos que alimentarlo con la narración de cuentos infantiles. Como jamás nos olvidamos de prepararles el almuerzo, jamás nos olvidaremos de la lectura nocturna.

Capítulo 3

# Preparando a nuestros hijos para la lectura

Además de la valiosísima lectura nocturna en la que tanto insistimos, existen otras muchas pautas de conducta que los padres deben seguir con el fin de preparar a sus hijos de cara al aprendizaje lector que se producirá en la escuela, conducido por los profesores, cuando alcancen los seis años de edad.

Llegado este punto, el desarrollo intelectual del niño es fundamental. Dependiendo del grado de madurez que haya alcanzado hasta entonces encontrará más o menos obstáculos a la hora de comenzar su evolución lectora.

**Recuerda**

☞ Prepararlo para leer es enseñarle a pensar. Cada pequeño es un ser completo, por ello, todas las actividades cotidianas influyen en su desarrollo emocional y son importantes para el aprendizaje. Esto significa que si se siente seguro, valorado por sus padres, si aprende a controlar sus emociones, si está sano y se relaciona sin dificultades con el entorno que le rodea conseguirá rápidamente la facultad de pensar por sí mismo, y esto ineludiblemente repercutirá de un modo positivo en la capacidad de aprendizaje, tanto en el aspecto lector como en cualquier otra actividad de la vida.

Hacia los dos años el niño ya nos regala con pequeñas frases que intentan expresar, todavía con mucha dificultad, lo que siente, pero ya comprende lo que se le dice. A los tres años su vocabulario ha aumentado ostensiblemente y los constantes «por qués» nos bombardean. Es la hora de contestar cada una de sus preguntas. Sobre los cuatro o cinco años, siempre dependiendo de cada pequeño, el carácter infantil del lenguaje se pierde. El vocabulario ha aumentado considerablemente y la pronunciación es ya correcta. Las preguntas se presentan ahora en avalancha. El niño siente una imperiosa urgencia de informarse y nosotros debemos estar atentos para cubrir esta necesidad.

La vida diaria nos proporciona un sinfín de posibilidades para el aprendizaje. Hablar con nuestros hijos es fundamental, siempre con frases completas y nunca imitando el lenguaje infantil. Nuestro hijo está a punto de alcanzar la edad lectora. Es el momento de mayor trabajo, pero el esfuerzo que realicemos en este instante será recompensado con creces. El niño está a punto de pensar por sí mismo y para ello necesita todo nuestro apoyo y cariño.

Quién mejor que un padre sabe qué hacer para que su hijo se sienta bien; es ésta la pauta básica para crear condiciones favorables para el desarrollo. Obviamente el amor: sentirse querido y valorado es la primera piedra sobre la que se construye una personalidad sana. Tras esta obviedad podemos añadir seis pequeños ejercicios que nos ayudarán a demostrar nuestra entrega y a facilitar la correcta evolución mental y emocional de los pequeños.

1. Una de las habilidades imprescindibles que deben adquirir los niños para aprender a pensar y pre-

pararse así para la lectura es la *agudeza visual*. Esto es: deben ser capaces de observar atentamente. Para ello proponemos un sencillísimo ejercicio que padres o familiares deberán llevar a cabo con el pequeño. Lo llamaremos «¿Qué falta?» Consiste en mostrarle imágenes a las que le falta algún elemento. Por ejemplo, el dibujo del rostro de un muchacho sin boca. El niño deberá pensar cuidadosamente cuál es el elemento que se ha sustraído de la ilustración y después se verá en la estimulante obligación de contárnoslo.

Para realizar esta primera prueba podemos optar entre dibujar nosotros mismos, en tarjetas, un gran número de variadas imágenes a las que le falte un elemento, o adquirir libros que ya contengan este tipo de láminas, o incluso recurrir a muñecos de fabricación casera, elaborados con patatas, frutas o juguetes a los cuales siempre les faltará un componente.

Es muy importante que el ejercicio se convierta en un juego divertido y no en una labor aburrida y cansina. Para ello procuraremos emplear muy poco tiempo en cada ensayo (unos cuantos minutos serán suficientes), que se repetirá, con cariño y paciencia, día tras día. Aproveche estos instantes para hablar con su pequeño, pregúntele sobre las ilustraciones, ayúdele a descubrir colores, formas, texturas e incluso sabores. Ábrale los ojos al mundo que le rodea. Cuantas más experiencias atesore, mayor será su madurez y su capacidad para la lectura se incrementará en la medida que crece la facultad de pensar por sí mismo. Utilice las tareas diarias para estimularlo a practicar. Quizá mientras hacen las camas encuentren un zapato al que le falten los cordones y también es muy posible que durante el paseo cotidiano se tropiecen con un árbol sin hojas. Y no olvide animarlo mucho, celebrando con entusiasmo cada uno de los aciertos y *jamás* reprendiéndolo en caso de error.

2. La agudeza visual adquiere en esta prueba un nuevo matiz, pues el pequeño deberá aprender a distinguir entre objetos *iguales* y *diferentes*. De este modo, cuando llegue al momento inicial del aprendizaje lector podrá discernir entre letras y palabras, *iguales* y *diferentes*. Para ello habremos de repetir infinidad de veces este ejercicio, siguiendo las pautas del anterior, es decir, durante sólo unos minutos cada vez, pero reiterándolo a lo largo del tiempo y siempre halagándolo en caso de acierto. La labor ha de ser divertida. El ensayo debe resultar un juego placentero para padres y niños. Así que, paciencia, tranquilidad, jamás levantemos la voz y mantengamos siempre la sonrisa en los labios.

Como ya es habitual, podremos optar por realizar nuestras propias fichas con dibujos, o recurrir a los libros editados con este tipo de contenidos y sin olvidar que en nuestra casa y alrededor del niño existen infinidad de objetos ordinarios que nos pueden servir estupendamente en esta tarea. Entre un grupo de elementos iguales deberá haber uno diferente. Podremos comenzar con imágenes completamente distintas (por ejemplo, dos manzanas y una pera) y continuar proponiendo diferencias más sutiles (dos pimientos rojos y uno verde). Las posibilidades son infinitas.

La idea central que debe mover nuestros pasos es presentar diferencias, cuantas más y cuanto más variadas, mejor. Diferencias en el tamaño, en el color, en la forma, en el tacto, en la posición... Cualquier alternativa es válida. El niño deberá explicarnos en dónde y por qué existe tal disparidad. Los padres siempre atenderemos las respuestas sin impacientarnos, aunque éstas tarden o no sean correctas. Cada niño tiene un tempo de aprendizaje propio; unos son más lentos, otros más rápidos; asumir con respeto y tranquilidad el tempo de nuestro hijo, sin regañarle, halagándolo tan pronto se nos presente la oportunidad y jamás comparándolo con hermanos o amigos le proporcionará la seguridad en sí mismo necesaria para un correcto desarrollo intelectual y emocional.

3. Seguimos trabajando con la importantísima agudeza visual y cada vez complicaremos más el ejercicio. Huelga decir que es fundamental que físicamente el pequeño se halle en estado óptimo. La constante vigilancia del pediatra nos ayudará a garantizar la salud básica para una evolución adecuada. Si nuestro niño no tiene ningún defecto en los ojos, más pronto o más tarde conseguirá resolver el nuevo juego que le planteamos.

   En este caso deberá distinguir un objeto que le presentamos, oculto entre otros diferentes. Seguramente la mayoría de los padres se habrán encontrado frente a frente con esta prueba entre los pasatiempos de revistas y periódicos. Por una parte vemos el objeto seleccionado. El niño debe mirarlo con atención y después encontrar, entre un grupo de objetos dibujados inmediatamente después, el único que es exactamente igual. Como hemos procedido hasta ahora, iremos incrementando la dificultad: primero mostraremos una manzana muy grande y roja entre un grupo de manzanas pequeñas y verdes; después podemos ocultar la manzana entre otras del mismo tamaño, pero con un pequeño mordisco.

A estas alturas los padres ya somos expertos en el hecho de plantear diferencias, así que debemos dejarnos llevar por nuestra imaginación y crear grupos de objetos con pequeñas variaciones que irán agudizando la capacidad visual. No olvidemos lo importante que es escuchar lo que el niño tiene que explicarnos sobre las ilustraciones o los elementos que le enseñamos y aprovechar este ratito de confidencias para hablar también nosotros con él, contándole, por ejemplo, lo deliciosas que son las manzanas y la curiosa costumbre que tienen de crecer en los árboles. Debemos ser conscientes de que nuestros hijos acaban de llegar a este mundo y todo lo que les rodea es en sí mismo sorprendente, aunque a nosotros nos parezca pueril.

**Recuerda**

☞ Animarle a disfrutar de las pequeñas cosas y a sorprenderse cada día con lo que le rodea es un modo más de estimular la imaginación y de proporcionarle experiencias satisfactorias con el entorno.

4. Tras haber superado con éxito las pruebas de agudeza visual, es el momento de trabajar con el *razonamiento abstracto*. Cada vez los ejercicios son más complejos, por ello es importante recordar que no debemos emplearnos en ellos más de unos minutos, es decir, hacer sólo un ejemplo cada vez para no aburrir. El aburrimiento es contrario al aprendizaje.

   En esta ocasión le enseñaremos a nuestro hijo a discernir entre objetos del mismo o distinto grupo. Para ello, como siempre, recurriremos a tarjetas de fabricación casera o buscaremos libros que contengan este tipo de diagramas. Desde luego siempre nos queda la alternativa de recurrir a utensilios del hogar o cualquier cosa que nos encontremos en casa. El niño tendrá que distinguir entre imágenes que pertenezcan al mismo grupo y señalar la que es diferente. Por ejemplo: un grupo de juguetes y una manzana. Nuestro hijo deberá descubrir el objeto que no pertenece al grupo. Las posibilidades son ilimitadas: tres prendas de ropa y un cuchillo; tres cacharros de cocina y un lápiz...

   Por supuesto, siempre que el niño no encuentre la respuesta, nosotros debemos ayudarle, explicándole con frases completas la solución y asegurándole que mañana, cuando repitamos el ejercicio, le saldrá mucho mejor. La receta de la paciencia y el elogio, cuando responda correctamente, debe respetarse siempre. Intentamos desarrollar la inteligencia infantil, enseñándole a pensar, no deseamos frustrar ni presionar innecesariamente al niño. Esperamos que con nuestro trabajo, atención y cariño su primer año de escuela sea un éxito seguro.

5. Hemos llegado al momento de la *atención, concentración* y *comprensión* de órdenes verbales. Esto significa que vamos a emprender la tarea de enseñar al niño a comprender lo que le decimos y a pensar mientras escucha. Esta habilidad es, obviamente, fundamental, tanto en la vida diaria como en la escuela.

   El pequeño tiene que estar preparado para comprender las órdenes, y para ello tiene que aprender a escuchar. Le presentaremos varios objetos diferentes, por ejemplo, un reloj, una cacerola y un libro. Le explicaremos que mamá estaba leyendo, pero se acerca la hora de la comida y que por eso cierra el libro y se dirige a la cocina para ponerse a trabajar. ¿Cuál será el objeto que debe utilizar? O que papá ha terminado de comer, ha recogido la mesa y guardado el mantel. Ahora le toca lavar los cacharros, pero se ha estropeado el lavavajillas. ¿Qué objeto necesita para hacerlo? Y le mostraremos un plato, un estropajo y un mantel. O que la tía Esther tiene que levantarse temprano para lavarse la cabeza y peinarse. Está muy cansada, por eso tiene miedo de quedarse dormida. ¿Qué usará para despertarse? Y le mostraremos un despertador, un peine y un rulo.

   Este ejercicio es complejo, así que tendremos que explicárselo muy claramente y quizá durante días resolver nosotros mismos el problema, exponiendo con nitidez el motivo por el que se elige un objeto y se desechan los otros.

Hay que tener paciencia: muy pronto nos sorprenderá con la respuesta correcta. Debemos plantearle tantas pruebas como deseemos, siempre siguiendo el modelo. Uno de los objetos es el único que vale por un motivo concreto. Ése es el que el niño tendrá que descubrir: el objeto y el motivo.

6. Para terminar las seis propuestas, nos dedicaremos a fomentar el *razonamiento lógico-temporal* del niño. En cualquier librería o quiosco se pueden encontrar con facilidad librillos de pasatiempos infantiles que ayudan a practicar estos ejercicios que, aunque puedan parecer pueriles, son fundamentales para un correcto desarrollo intelectual porque incrementan su inteligencia y facilitan el aprendizaje de la lectura. Sin embargo, es fácil sustituirlos por fichas caseras o cualquier objeto que tengamos a mano.

   En la prueba que nos ocupa, que la llamaremos «Lo primero, lo siguiente y lo último», podemos recurrir a objetos reales. Por ejemplo: le mostraremos a nuestro hijo tres fotos de alguno de los padres o parientes en tres épocas distintas y le propondremos que descubra cuál fue la primera, cuál la segunda y cuál la última. Obviamente, para facilitar la respuesta es necesario que una sea de un bebé, otra de un adolescente y la restante de un adulto. Lo mismo podemos hacer con tres habichuelas que habremos hecho germinar sobre algodón húmedo. Primero es una habichuela, después asoma una ramita y, por último, sale una planta. La cocina nos ofrece infinitas posibilidades. Si hacemos un pastel y le mostramos los pasos, el niño aprenderá pronto qué es *lo primero, lo siguiente* y *lo último*.

Si conseguimos divertirnos con estos juegos, seguramente se nos ocurrirán muchos supuestos diferentes más y esto contribuirá a incrementar la atención del pequeño y creará un grato ambiente de camaradería y comprensión que proporcionará seguridad y facilitará la ardua tarea del aprendizaje.

Capítulo 4

# La lectura a partir de los seis años

Si hemos seguido a rajatabla los epígrafes anteriores y la sencilla máxima *leer cuentos todas las noches*, a estas alturas nuestro hijo ya es casi un experto en literatura infantil. El libro no es un elemento extraño y ajeno a su persona, sino que es tan familiar como el osito de peluche con el que acostumbra a dormir. Ya no puede conciliar el sueño sin echar una ojeada a un libro. Con un poco de suerte y dedicación, este hábito no lo abandonará jamás y cuando alcance la madurez será una de esas personas que siempre tienen un volumen en la mesilla de noche. En los primeros años hemos realizado casi todo el trabajo. No resta más que regalarle libros en fechas indicadas, vigilar que no abandone la afición y, por qué no, acudir con él a una biblioteca que le proporcionará todos los títulos que desee sin ningún desembolso económico. El tema de la biblioteca lo trataremos en un epígrafe posterior.

En estos instantes el problema que nos planteamos es que no hayamos seguido la máxima del cuento nocturno diario y nos encontremos con que nuestro pequeño ha aprendido a leer en la escuela y, sin embargo, su hábito de lectura es nulo.

No sería ésta una situación muy extraña. Bien es verdad que existen niños que desde su más tierna infancia, sin necesidad de estímulos externos, ni la colaboración de padres ni profesores, sienten una marcada tendencia a la lectura y consumen cómics, libros, cuentos, incluso las escasas historietas que los periódicos tienen la gentileza de ofrecerles. Desgraciadamente este tipo de niños son estadísticamente muy escasos. Digamos que en una clase de 30 alumnos, con muchísima suerte nos encontraremos a uno que haya nacido con esta predisposición. Por tanto, lo más probable es que nuestro pequeño pertenezca al grupo de los que prefieren la televisión. Es un entretenimiento mucho más cómodo y no tienen que esforzarse en absoluto para verla. El esfuerzo está poco valorado en nuestra sociedad y aprender a leer cuesta trabajo, sobre todo si el alumno tiene problemas de comprensión. Leer palabras y sentirse incapaz de saber lo que se está diciendo es el primer motivo de abandono de los muchachos.

Cuando ya han adquirido el hábito, gracias al constante relato de cuentos nocturnos, sus ansias de leer por sí mismos y de descubrir la historia que encierra cada libro es el mejor estímulo para superar las dificultades del inicio de la lectura. Por ello, cuando el niño comience a leer y no conozca el significado de alguna palabra, se lo explicaremos y nunca le pediremos que las deletree. Hacerlo le impediría captar el sentido de la oración porque le obliga a detenerse y termina por olvidar lo que estaba leyendo.

Estimúlalo interesándote por los libros que trae de la escuela. Léelos y hazle alguna pregunta sobre el contenido de los mismos, pero que no parezca un examen. Que el niño crea que simplemente tienes curiosidad y que te interesa porque es emocionante. Una buena opción es pedirle que te relate lo que vaya leyendo. Un día son los padres los que cuentan cuentos y otro son los hijos. Manifiesta tu fascinación por el relato, destaca lo valiente o divertido que es el protagonista. Ríete cuando sea entretenido, muestra tu inquietud cuando el relato así lo requiera.

Los padres deben ser conscientes de que tratan de transmitir una pasión, una emoción muy profunda que se produce al identificarse con el protagonista del cuento y sentirse héroe o heroína durante unos minutos. Es ésta una sensación maravillosa de la que no podemos privar a nuestros hijos. Un torrente de emociones se desatará en los corazoncillos infantiles tan pronto aprendan a leer y consigan sumergirse en un mundo de aventuras que los trasladarán en el tiempo y en el espacio y que agitarán su alma con el sencillo gesto de abrir las tapas de un libro. Seamos partícipes de ello y saboreemos con nuestros hijos el gusto picante y dulce a la vez de la lectura.

Pero si el hábito del niño es débil o incluso nulo, nos hemos topado con el primer gran problema: a nuestro hijo no le gusta leer. Nos costará esfuerzo enderezar esta situación, pero no debemos cejar en el empeño. Como anteriormente mencionamos, el esfuerzo está poco valorado en nuestra sociedad. Con nuestro ejemplo podemos mostrar que el esfuerzo es el camino del éxito.

## Capítulo 5

# A nuestro hijo no le gusta leer

Cuando nos percatamos de que nuestro hijo está aprendiendo a leer en la escuela y evita por todos los medios abrir un libro y practicar, es el momento de entrar en acción. Cuanto antes reaccionemos, más posibilidades tendremos de corregir esta situación.

En este punto, lo primordial es conseguir que el niño logre leer correctamente. Es tan fundamental que si no triunfamos en este empeño estaremos firmando la sentencia de fracaso escolar. No sólo no será posible convertirlo en lector, sino que, además, comenzará a tener problemas en la escuela. No comprenderá las materias, se sentirá incapaz de seguir el ritmo de la clase, no podrá progresar adecuadamente y esto lo marginará del resto de sus compañeros. La tristeza es la consecuencia de la dificultad lectora. Nuestro hijo perderá el interés por la escuela, se apartará de sus compañeros y preferirá la soledad al juego con otros niños. Los conflictos psicológicos derivados de las dificultades con la lectura son graves y muy conocidos. Si no atajamos pronto el problema, en un futuro no muy lejano tendremos que recurrir a un especialista para corregir las deficiencias de expresión, de madurez y también las sociales que generará en el niño el fracaso escolar al que está abocado.

Pero si nuestro hijo está sano y su capacidad intelectual es más o menos la de sus compañeros, estamos a tiempo para deshacer el entuerto. Nos toca ponernos el traje de faena y bajar, como vulgarmente se dice, a la arena. Los profesores en la escuela tienen su parte de responsabilidad. Ellos son los que observan atentamente los progresos del niño. Si no encuentran ninguna alteración en el desarrollo del alumno, si su agudeza visual es óptima, si su atención, concentración y comprensión de órdenes son satisfactorias y su razonamiento lógico-temporal es adecuado, continuarán trabajando para que su nivel lector se eleve. No obstante, está en nuestra mano ganar tiempo y efectividad.

¡Ha llegado la hora de leer! Y como no lo hemos hecho antes, tendremos que hacerlo ahora.

Sentarlo en la mesa de la cocina y obligarlo a que lea en alto, día tras día, no parece el sistema más adecuado para vencer su hostilidad por una actividad que le supone mucho esfuerzo y en la que no encuentra interés alguno. La televisión sigue resultando más cómoda; también cuenta historias y él no tiene que hacer más que pulsar un botón.

La estrategia es siempre la mejor aliada de los padres. Al fin y al cabo, la experiencia nos indica que la imposición conduce al rechazo. Por tanto, nos queda la opción de un beneficioso engaño.

Podemos sentarlo en la mesa de la cocina, desde luego lejos de una televisión encendida. Con anterioridad habremos elegido el libro. Es una elección importante de la que más adelante hablaremos. Cuando nuestro hijo ya se esté temiendo lo peor, cuando crea que tendrá que pasarse la media hora siguiente leyendo, lo sorprenderemos con la noticia. Él no va a ser el lector. Nosotros leeremos la novela.

Por supuesto es importante que ésta sea divertida. El contenido de los libros es fundamental para esta tarea de estrategia paternal. Leeremos pausadamente, atentos a las reacciones del niño. Debemos estar seguros de que comprende las palabras, de que es capaz de seguir la historia, y para comprobarlo podemos hacer algún comentario pertinente, como si estuviéramos viendo una película en la televisión. Ganar su atención es definitivo, y cuando ésta llegue al punto culminante, en el momento exacto en que la novela alcanza su mayor intensidad narrativa, de repente sentiremos un terrible cansancio en los ojos y la boca demasiado seca para continuar. Solicitaremos la ayuda del oyente. Ahora él nos leerá un poco hasta que nos hayamos repuesto. Durante estos minutos nuestra atención debe ser total. No podemos inquietarnos si el niño se atranca o si no consigue pronunciar correctamente una palabra. Sólo lo corregiremos si insiste varias veces en el mismo error. Aparentaremos estar tan atrapados en la historia como si la lectura fuera fluida y leída por un verdadero orador. Después, por supuesto, lo felicitaremos efusivamente por su gran logro.

La actitud del pequeño nos indicará cómo ha ido la experiencia. Si demuestra cansancio y falta de atención es el momento de manifestar que nos hemos recuperado. Entonces sólo nos queda leer algo más hasta que el relato alcance de nuevo un punto álgido. En ese momento introduciremos nuestro propio «Continuará...». La sesión del día siguiente debe ser ansiada tanto por los padres como por los hijos. Si estimulamos correctamente al pequeño, la misma y emocionante historia anulará por completo el esfuerzo que le supone la lectura.

La curiosidad infantil es muy superior a la de un adulto y los niños se dejan llevar por ella con verdadera pasión. A nosotros, con un poco de estrategia y picardía, nos corresponde encenderla.

La constancia ha de ser la virtud que alumbre a padres y a hijos. Si no disponemos de tiempo para dedicarlo a esta actividad, deberemos buscarlo sin descanso. Ningún padre ha mantenido jamás que no tiene tiempo de dar de comer a sus hijos. Alimentar el espíritu es tan importante como dar sustento al organismo. Contribuir a la correcta socialización del niño, hacer de él una persona sana y feliz, es una obligación tan importante como proporcionarle los medios materiales para la vida. La lectura aporta emoción y cercanía entre padres e hijos, pues leer es un acto muy íntimo que provoca la activación de gran cantidad de funciones cerebrales fundamentales para el desarrollo intelectual y personal del individuo.

Nunca debemos regañarle por su falta de habilidad; muy al contrario, aprovecharemos cualquier oportunidad para halagarlo por sus logros, por muy pequeños que éstos sean. Respetaremos el ritmo de aprendizaje, por muy lento que éste sea, y demostraremos con nuestras palabras y nuestros gestos que no sólo nos emociona la lectura, sino que nos apasiona cómo lo hace nuestro lector particular. Manifestaremos que estamos muy ocupados en casa para leer, pero que nos encantaría saber cómo termina el libro. «¿Me harías el favor de leerme el final mientras preparo la comida?» Al niño le encantará agradar a sus padres. Un fuerte beso y un gran abrazo pueden ser un maravilloso broche final para una mágica sesión de lectura entre padres e hijos.

**Capítulo 6**

# Elegir un libro

Éste es uno de los capítulos más importantes a la hora de fomentar la afición a la lectura: la elección del ejemplar adecuado a los gustos de nuestro hijo.

Mientras los niños no han alcanzado la edad de seis años, o sea, todavía no saben leer, somos los padres los que debemos realizar la selección adecuada. Para primeros lectores las librerías nos ofrecen verdaderas maravillas de diferentes formatos y llenos de colorido. Como hemos apuntado anteriormente, es importante que los materiales de construcción de los volúmenes no sean tóxicos y puedan ser manoseados y mordidos por los pequeños. Las ilustraciones deben ser grandes y con vivos colores y los textos, que tendremos que leerles, serán escasos. Existen libros de paseo, de baño, que se abren y adoptan formas diferentes, sobre animales, sobre niños, sobre la ciudad, sobre el campo, otros que les enseñan a abrocharse los zapatos, que les ayudan a aprender los colores, las formas geométricas, que contienen música, voces, canciones, ruidos, etc. Todos ellos sin excepción son aptos y positivos para los más pequeños.

Si prestamos atención en estas primeras edades ya nos iremos haciendo una idea de cuáles son los que más les gustan y cuáles son los temas que más les interesan, puesto que aquellos que sean de su agrado serán los primeros en deteriorarse gracias al uso constante.

Cuando el niño ya ha aprendido a leer y ha llegado el momento de adquirir su primer libro de lectura, comienza el problema. Normalmente es siempre un adulto el que realiza la selección, o padres o profesores. Craso error. Es el lector el que debería escoger lo que le apetece leer. Hoy nuestros hijos eligen la ropa que les gusta desde su más tierna infancia. A nadie le extraña que una madre comente que su pequeño no quiere salir de casa sin sus zapatillas de deporte, o que no va a ninguna parte sin su visera. Sin embargo, a la hora de escoger algo tan íntimo y personal como la historia que les va acompañar durante cada noche en los siguientes días, parece que es imposible contar con la colaboración del interesado.

Es verdad que un niño pequeño todavía no tiene un criterio sólido por el cual realizar una elección entre la selva de libros que se encuentran en la biblioteca o librería. Quizá no sea fácil para ellos manifestarse y proclamar que son las novelas de intriga las que más le interesan, o las historias de viajes, pero un sencillo sondeo, a través de preguntas concretas, nos dará la pista necesaria para averiguar hacia dónde se dirigen los gustos de nuestros hijos.

— ¿Qué te parecen las historias que dan miedo?
— ¿Qué me dices de los misterios que alguien debe desentrañar?
— ¿Te gustaría leer un cuento con hadas y enanos?
— ¿Te apetecería una historia de piratas?
— ¿Y el relato de un viaje al Polo?

Con las primeras indagaciones nos podemos hacer una ligera idea de qué dirección toman sus intereses. Después de ello, lo más simple es acompañarlo a la librería, buscar libros que se refieran al tema preferido y leerle las sinopsis que suelen figurar en las contraportadas. El niño está perfectamente capacitado para decantarse por aquel que más le llame la atención.

Este primer paso es muy importante. Si se siente intrigado por el contenido del volumen, se hallará más predispuesto a leerlo con mejor talante. Si al final esta operación se tornara en fracaso y el niño no encontrara divertido lo que tiene entre manos, es decir, si el relato no le engancha, no debemos desesperar. Obviamente no hemos elegido correctamente. Habrá que intentarlo de nuevo. Lo que nunca debemos hacer es obligarle a aceptar algo que le disgusta. La obligación va reñida con la diversión, y nosotros buscamos que la lectura sea divertida y despierte la imaginación y la pasión de los pequeños. Ningún padre adquiriría un juguete que fuese calificado por su hijo como aburrido.

Hay otros muchos criterios a la hora de seleccionar un libro. Luis Sánchez Corral nos dice en su libro *Literatura infantil y lenguaje literario* «... que el juego, de manera similar al arte (que también es juego), debe ser únicamente juego...». Esto es, debemos buscar el libro de lectura de nuestro hijo movidos exclusivamente por un afán lúdico. Este punto de vista choca con ciertas teorías pedagógicas en las que se utiliza la lectura como medio de aprendizaje de materias diversas. Para el mencionado autor, esta postura es completamente errónea, pues el muchacho en el momento que descubre «la trampa» deja de disfrutar de la lectura y siente que está sencillamente estudiando. Este camino nos alejaría, pues, de nuestro objetivo: conseguir que el niño ame los libros.

Lolo Rico, en su obra *Si tu hijo te pide un libro...*, realiza un repaso a los textos y autores clásicos, recomendándolos por edades. Nos topamos entonces con la seguridad de nombres y títulos que han resistido el paso de los años y que jamás nos fallarán, entre ellos obras de Lewis Carrol, Mark Twain, Rudyard Kipling, Charles Dickens y un largo y magnífico etcétera que podemos hallar en la librería en formato infantil y juvenil.

Por supuesto la lectura de estos autores es siempre recomendada y nos asegura una victoria en lo referente a la calidad literaria y a la fuerza del relato. Un clásico infantil es un libro que, dentro de la comprensión del pequeño, recoge acontecimientos importantes de la existencia humana. Si deseamos cultivar una correcta personalidad debemos tener muy presentes la obra de los autores clásicos. Así y todo no tenemos por qué olvidar los trabajos actuales de nuestros autores dedicados a este género que reflejan el mundo de hoy y la problemática cotidiana de la infancia o la adolescencia.

Aguilar, Alfaguara, Bruño, Edebé, Edelvives, Espasa Calpe, Everest, Juventud y SM, entre otras muchas, son editoriales con colecciones de literatura infantil y juvenil. Estos volúmenes están especialmente diseñados para los jóvenes lectores y procuran que los formatos, el tamaño y los temas despierten su curiosidad. Además de la interesante sinopsis que nos encontraremos en la contraportada del libro, también deberemos fijarnos en la indicación de la edad. Normalmente ésta aparece claramente impresa tanto en la portada como en la contraportada y determina los años a partir de los cuales está recomendada la lectura de la novela en cuestión. Por tanto, habremos de elegir el ejemplar entre aquellos indicados para la edad de nuestro hijo e interrogarlo sobre cada uno de los contenidos que nos encontremos.

En caso de sentirnos todavía desorientados ante la multitud de ofertas con que nos toparemos, no estaría de más acudir a librerías especializadas en literatura infantil que últimamente proliferan en grandes y medianas ciudades. Allí el librero nos podrá asesorar con conocimiento sobre las seis reglas que el psicólogo norteamericano Mortimer J. Adler nos ofrece para elegir los mejores libros.

- — Los más leídos, y no durante una temporada, sino a lo largo de los años.
- — Los más populares, es decir, los más sencillos o menos rebuscados.
- — Los que son siempre contemporáneos, que no han perdido interés a lo largo de los años.
- — Los que se leen mejor. No aburren, ni pesan y son ricos en ideas y sugerencias.
- — Los más instructivos, que suelen contener ideas originales.
- — Y los que tratan de los problemas de la vida humana y que le pueden ocurrir a cualquiera de los lectores.

Estos criterios, pensados para la literatura en general y no para la infantil, pueden ser aplicados a los libros especialmente dedicados a niños y jóvenes, a pesar de que existan autores que piensen lo contrario. Sin embargo, no debiéramos perdernos en elucubraciones sobre la literatura infantil, que siempre ha sido muy controvertida. Hay quien considera que las obras de autores actuales no alcanzan la calidad literaria requerida. Que si un libro es bueno, sencillamente es literatura, sin necesidad de ir siempre acompañada de la molesta coletilla «infantil». Estas disquisiciones están bien para teóricos, pedagogos, maestros, al fin y al cabo, para adultos. A los niños nada interesa esa polémica, por ello la opción que elegimos en este manual es la del propio lector, el niño (siempre asesorado y supervisado por sus padres que son los que detentan la responsabilidad de su correcta educación) es el que en última instancia debe realizar la selección. De otro modo correremos el riesgo de equivocarnos gravemente y aburrir.

**Recuerda**

☞ El aburrimiento es la terrible sombra que planea sobre la lectura. Es obligación de los padres evitarlo utilizando todos los medios a su alcance.

Debemos, pues, abstenernos de escoger los libros desde nuestro punto de vista. Es fundamental que indaguemos en los gustos de nuestros hijos y recurramos a la lectura de las sinopsis de las contraportadas, las leeremos en la tienda y sólo adquiriremos el volumen si el niño considera la elección acertada.

Una vez hayamos realizado esta operación en varias ocasiones y hayamos constatado el éxito de la misma, tendremos una idea más clara del tipo de literatura que le interesa a nuestro hijo. Quizá se convierta en un forofo de Dickens o quizá prefiera obras más actuales. Siempre debe ser él quien elija. A nosotros no nos queda más que supervisar las lecturas, sugerirle y proporcionarle libros que pensamos que le puedan resultar interesantes (un padre tiene la obligación de conocer profundamente a su hijo), abrirle nuevos caminos todavía no explorados y jamás obligarle a continuar con alguno que le parezca aburrido. En ese caso la opción más sensata es retirar la obra y probar suerte con otra de distinto contenido.

Debemos ser conscientes de que también hay libros para adultos que todos consideran estupendos, de gran calidad literaria, y que personalmente no apreciamos. Esto también les ocurre a los pequeños. Las opiniones de los expertos, por muy bien fundadas que se encuentren, no tienen ninguna fuerza en la mentalidad de un niño. Es igual que la lectura venga refrendada por un millar de críticos, si no le gusta la retiraremos de inmediato y cambiaremos de camino.

Hay cientos de opciones donde elegir. Afortunadamente no faltan hermosos volúmenes en las estanterías de las librerías. Están allí aguardando lectores. Los hay pedagógicos, que nos muestran la vida de los animales, la historia de la aviación, el interior de un reloj...; los hay de viajes, de aventuras, de hadas, de tragedias, inquietantes, incluso aburridos. En el caso de que nuestro hijo dude a la hora de escoger, tomaremos la iniciativa siguiendo el tradicional sistema de tanteo y procurando abarcar un amplio abanico de temas, para no dar sólo con lo que más le interesa, sino también sugerir nuevos contenidos que pensemos que le puedan abrir horizontes además de resultar atrayentes y amenos; después de todo, uno de los fines principales de la lectura es entretener.

Por ello, por ese afán que nos mueve de divertirnos con los libros, no debemos desechar la multitud de ofertas de fascinantes álbumes que nos ofrecen las librerías y bibliotecas. Ya mencionamos anteriormente los que ofertan música o muñecos incorporados, éstos para los más pequeños, pero no podíamos olvidarnos de increíbles libros repletos de imágenes sobre el cuerpo humano, el espacio, la naturaleza. Tomos, todos ellos, acompañados de materiales para jugar o montar, recortar o pintar. Por no mencionar los de adivinanzas, tan beneficiosos para desarrollar la inteligencia, o los de juegos populares, tan importantes para conocer la evolución de la sociedad, o los que contienen puzzles que ayudan a desarrollar la capacidad visual y la atención. Para muchachos reacios a la lectura son muy beneficiosos, porque, al tiempo que leen, disfrutan y aprenden. Entre ellos destacaremos el *LibroTotal,* sobre el cual abriremos más tarde un epígrafe. Es éste un material complementario como muchos otros, que busca unir estrechamente la lectura con otras actividades del pequeño, como dibujar, escribir, colorear, recortar, montar, en un intento de desarrollar, a través del juego y las nuevas tecnologías, la capacidad de pensar.

## Capítulo 7

# La biblioteca

Siento realmente temor al llegar a este epígrafe. Y es que hoy día sugerir que los padres lleven a sus hijos a la biblioteca parece sonar totalmente trasnochado. Los asuntos de libros y lecturas han quedado relegados al ámbito de la escuela y ése es, después de todo, el gran problema de los niños españoles. Sus padres se han desentendido de esa parte fundamental de su educación pensando que con las clases que se les imparte en la escuela esa parcela ha sido ya cubierta. Nada más lejos de la realidad. La lectura se fomenta en casa porque debe ser diversión y no trabajo, y esta máxima debemos recordarla al lado de la fórmula con mayúsculas: LEERLE CUENTOS ANTES DE DORMIRSE.

Es una lástima que las preocupaciones paternales se hayan desviado del camino de los libros. Organizamos el tiempo de nuestros hijos cargándolos de actividades extraescolares (deportes, música, pintura, danza...). Ni se me pasaría por la cabeza levantar la voz contra estas nuevas costumbres, sólo quizá preguntaría si a veces no nos excedemos en la ocupación del tiempo libre de los pequeños.

Los niños necesitan tiempo libre para dedicarlo a jugar. Y jugar no es sólo ponerse ante la videoconsola, sino también ver la televisión, estar con los amigos y leer. Para todas estas actividades también ha de haber un tiempo que debería ser elegido por el propio niño. Obviamente esta elección no puede ni debe librarse de la supervisión paterna. Hay un tiempo para la videoconsola, otro para la televisión y desde luego otro diferente para la lectura. En este punto los progenitores deben ser inflexibles. La autoridad paterna ha de marcar claramente unas pautas que deben aparecer inamovibles a los ojos del niño. Que los pequeños sepan que hay ciertas normas que son indiscutibles produce en ellos una sensación de seguridad muy beneficiosa para su comportamiento y futuro desarrollo.

Si hemos hecho nuestros deberes de padres, la lectura no debería plantear duda alguna en el tiempo, pues es antes de dormir cuando dedicamos unos minutos diarios a ella. Pero si nuestro hijo ha aprendido realmente a amar los libros, sentirá necesidad de ocupar aún más minutos de los que cada día tenemos reservados para esta actividad. Una buena opción es presentarle la biblioteca.

La primera visita a una biblioteca debería ser realizada siempre en compañía de los padres. La escuela tiene la mala costumbre de convertir las diversiones en obligaciones y eso es contraproducente para cualquier ser humano y desde luego para un niño.

Entrar en ese lugar mágico, atestado de estanterías, repletas de libros hasta el techo, donde todo es enorme y donde la gente camina sigilosamente y habla siempre en susurros, puede ser una visita inolvidable para nuestro pequeño. Nosotros deberíamos llevarlo de la mano e introducirlo en el fantástico templo de la lectura.

No es necesario considerarnos a nosotros mismos intelectuales ni eruditos. Somos padres, algunos con aficiones lectoras muy marcadas y otros con menos, que sólo buscamos lo mejor para nuestros hijos. Así que tenemos que abrirnos paso hasta la biblioteca aunque sea la primera vez que lo hayamos hecho. Siempre nos queda la opción de coger un periódico y leer.

Las bibliotecas suelen tener unas estupendas secciones infantiles, con volúmenes de todo tipo y para todos los gustos. Hacerle comprender a nuestro hijo que la biblioteca está repleta de aventuras, de misterios, que cada volumen esconde un héroe, un enigma, una situación peligrosa, un grito en la noche, un hada mágica, un árbol de los deseos, es una obligación paterna. Debemos hacerle entender que, como decía una coplilla antigua, «todo está en los libros». Explicarles que pueden dejar volar su imaginación hasta extremos insospechados y encontrarán un libro que responda a sus expectativas. Y si no es así, deben apresurarse a escribirlo.

La biblioteca es un buen lugar de recreo. Cuando los pequeños alcancen la edad de poder permanecer solos, ¿qué mejor lugar de visita y diversión que una biblioteca? Las bibliotecas son gratis. Incluso las asociaciones de vecinos suelen tener pequeñas salas de lectura con libros infantiles que nadie ha abierto jamás. ¿Por qué no se acercan a ellas nuestros hijos? Sencillamente porque no se nos ha ocurrido llevarlos. Cuando cumplan quince años será imposible conseguir que pongan un pie en ellas, salvo para estudiar sus apuntes. Y las bibliotecas no son sólo lugares de estudio. Son emplazamientos para la lectura y la distracción. Almacenan historias asombrosas que están ahí al alcance de todos. Libros que nos acercan otras vidas y nos hacen vibrar como si nosotros mismos fuéramos los protagonistas. Nos trasladan a lugares paradisíacos, nos enfrentan a monstruos escalofriantes, nos descubren mundos desconocidos, y todo puerta con puerta de nuestras casas, sin apenas gasto, sin apenas esfuerzo.

En ocasiones en las que me he visto ante una audiencia infantil que esperaba que les explicara qué era tan divertido en la lectura, he recurrido a la comparación con películas o series de televisión, a las que los niños son tan aficionados. Muchos descubrieron, sorprendidos por mis palabras, que un alto porcentaje de películas han sido primero libros. Unos hombres han disfrutado en su casa de la lectura de estas magníficas aventuras e, impresionados por el relato, han decidido que seguramente aquella historia encantaría a otras muchas personas. Entonces se han preocupado por traducir las palabras en imágenes tal y como aparecieron en su imaginación. En eso consiste una película: en lo que ha visto en su imaginación un hombre que ha leído primeramente el libro. ¿Y quién nos dice que la imaginación de ese sujeto es superior a la del niño? Nadie. Posiblemente si fuera el propio joven el que experimentara la lectura de la historia en cuestión, la película que se desarrollaría en su cerebro sería muy superior a la que vemos en pantalla. Al fin y al cabo, no tienen la dificultad de poner en práctica complejos efectos especiales. De hecho es bastante común que las películas basadas en libros que previamente hemos leído nos defrauden.

Esto lo entienden muy bien los niños. Saben que las cosas que imaginan superan con creces incluso a las imágenes vertiginosas de los dibujos animados. Deben ser conscientes de que no hay película que se compare con la que ellos mismos pueden crear dejando volar la imaginación.

No deberíamos perder esta oportunidad de abrirles los ojos a los niños. Sería una terrible injusticia.

Capítulo 8

# Los medios de comunicación

Tras este título no voy a comenzar un párrafo de ataque a la televisión, un medio que tantos detractores ha atesorado en el mundo infantil. En sí misma la *caja tonta* no tiene nada de negativo, muy al contrario. Los niños se divierten con los dibujos, con las series y con los reportajes de animales, que suelen ser sus preferidos. El problema de este medio no es otro que el de respetar los tiempos.

Como hemos mencionado anteriormente, el tiempo libre de los muchachos debe estar presidido por la variedad. Tampoco pretende este manual que su hijo sólo disfrute con las páginas de un libro. La obsesión por las aficiones no es positiva en ningún caso. A los padres corresponde velar por la multiplicidad. Vigilar para que las actividades físicas se equiparen a las sedentarias es una buena medida de control. Por supuesto estar sentado durante horas y horas delante del televisor «tragándose» indiscriminadamente todo lo que emitan es algo que debemos erradicar por completo. Es imprescindible que la televisión se encienda para ver algo en concreto. Unos dibujos animados o un reportaje de animales serían de lo más apropiado, y no hay nada más positivo que un niño contemple su serie preferida al lado de sus padres, que con sus comentarios irán aportando datos importantes para el correcto desarrollo del pequeño.

Desde luego lo que no encontraremos ni en la televisión ni en la prensa, y apenas en la radio, es orientación sobre la lectura. Los padres nos sentimos muy solos en la misión de sugerir libros a nuestros hijos. Aunque la correcta educación de los futuros ciudadanos es fundamental para la sociedad en su conjunto, ésta ha obviado por completo su responsabilidad en este campo, cargando la obligación en las solitarias espaldas de los progenitores y educadores.

Aunque sí nos es posible nombrar al último vencedor del premio Planeta y a un buen número de literatos que aparecen en los periódicos, en la radio o la televisión, nos es casi imposible evocar un solo nombre de un autor de literatura para niños. A nadie parece interesarle quién y qué escribe para los futuros adultos. Así que la opción de visitar la librería y leer las sinopsis de las novelas es la única posibilidad que nos queda para elegir. Nosotros mismos tenemos que convertirnos en críticos y decidir cuál es la obra más adecuada para nuestro hijo. Afortunadamente, las editoriales nos orientan desde el punto de vista de la edad, ya que cada volumen viene acompañado de una recomendación a partir de la cual es adecuada la lectura.

Estamos solos en nuestra tarea de educar. Los poderes públicos apenas se preocupan de si la población infantil es lectora o no. Regularmente aparecen pequeñas campañas de animación a la lectura que pretenden poner un parche en una situación que ya es casi insostenible.

España pierde lectores, y esta tendencia negativa no hace sino aumentar con el tiempo. Mientras el Reino Unido ha comenzado una campaña para alcanzar la vertiginosa cifra de 100 por 100 de lectores en su territorio, nosotros nos acercamos —más que tímidamente— al 50 por 100 y nadie nos puede asegurar que, tal como se trata a la literatura infantil y con los pocos medios sociales dedicados a incentivarla, esta cifra no termine menguando.

Teóricamente es labor de todos. A la sociedad entera le interesa que sus niños crezcan sanos en cuerpo y alma. Es así como se construyen sociedades justas y se mejora la calidad de vida de la población. Sin embargo, nadie emplea su tiempo en esta labor. Aunque existen premios literarios en categoría infantil y juvenil de gran cuantía, el nombre del afortunado ganador de cada año apenas trasciende. La prensa no se hace eco de estos eventos, no presenta novedades editoriales, no se interesa por el mundo infantil. Y sucede lo mismo con la televisión y la radio. Los padres nos encontramos sin apoyo alguno ante la labor de educar para la lectura. Esperamos que este manual arroje algo de luz en el oscuro túnel en el que nos hemos detenido.

Capítulo 9

# Una somera revisión de géneros y manifestaciones literarias infantiles

Analizar minuciosamente los géneros y manifestaciones literarias al alcance de nuestros niños resultaría realmente interesante e instructivo. Sin embargo, se alejaría del espíritu de este pequeño manual práctico que únicamente pretende ser una sencilla guía de conductas para padres. De todos modos, tener unas ligeras nociones del efecto que determinados géneros literarios provocan en la infancia puede resultar conveniente y esclarecedor a la hora de elegir los libros que nuestro hijo va a leer.

Como ya hemos mencionado anteriormente, consideramos que la última palabra la tiene siempre el lector. Es él quien debe divertirse con lo que tiene entre manos. Aun así a los progenitores les resta un amplio campo de maniobra. Una vez en la librería, después de haber indagado en los gustos de los pequeños, nos encontraremos con un sinfín de colecciones indicadas para ellos con gran variedad de contenidos. Fundamentalmente podremos escoger entre cuento, novela y cómic. Comparados con estas dos manifestaciones literarias, el teatro y la poesía son casi inexistentes. De todos modos no podemos dejarlas de lado ni mucho menos y también tendremos que considerarlas a la hora de la compra.

Una vez elegido el género o manifestación literaria (cuento, novela, cómic, teatro, poesía), nos plantearemos la cuestión de la temática. Es en este punto donde se aplican los gustos del lector. Así se podrá decidir entre tramas de aventuras, fantásticas, cómicas, dramáticas, pedagógicas, etc., en el género al que hayamos optado. Y una vez más estamos abocados a la lectura de las sinopsis para informarnos del contenido temático del libro.

## El cómic

El cómic suele ser la manifestación literaria de mayor aceptación entre la población infantil. Se trata de lo que los padres llamamos tebeos. Una historieta ilustrada en la que los personajes hablan a través de bocadillos, esas nubes en las que se ven envueltas las frases. Podemos encontrar cómics de variadas temáticas y debemos tener cuidado de no equivocarnos y no adquirir aquellos que son obviamente pensados para público adulto.

Estas historietas son muy satisfactorias para los pequeños. Las disfrutan de un modo similar a las películas, fotograma a fotograma, y, aunque la parte literaria sea trascendental para el desarrollo de la historia, es la imagen el fundamento de la misma. Por tanto, el esfuerzo lector es muy inferior al que se realizaría ante, por ejemplo, una novela.

Los mecanismos cerebrales que se activan ante un cómic difieren enormemente de los que se activan en el momento de leer una página de cualquier libro. La presencia de tal profusión de imágenes obliga al lector a plantarse ante la obra con una disposición mixta, a medio camino entre una novela y una película. Para comprenderlo deberíamos saber que el hemisferio cerebral derecho es el centro principal de organización e integración de imágenes. Contemplar una imagen pondría en marcha esta parte del cerebro del pequeño. El hemisferio izquierdo es el centro del lenguaje, la palabra y los símbolos, y es el que se pondría en funcionamiento al leer una historia carente de imágenes. Desde luego ésta es una explicación simple para entendernos, pues todas las funciones cerebrales están integradas y son necesarias para un correcto funcionamiento, y, aunque predomine la actividad en uno de los hemisferios, el cerebro humano es un todo y actúa como tal.

El cómic integra ambas funciones. La actividad cerebral se equilibra y muchos son los autores que justifican la satisfacción que produce este género literario en sus lectores por esta peculiar circunstancia. No olvidemos que el cómic reúne a apasionados de las más variopintas condiciones sociales e incluso con gran diversidad de edades que van desde los más niños hasta los que alcanzaron la madurez hace mucho tiempo.

Por este motivo no es un género que debamos desechar de antemano, como pretenden algunos expertos en literatura infantil. Lo consideran una manifestación literaria menor, por ello resulta muy difícil encontrar trabajos serios y minuciosos sobre la trascendencia del cómic. A pesar de esa integración de funciones cerebrales que tanto pregonan los aficionados, tampoco debemos pensar que es la panacea y atiborrar al niño de tebeos.

A nuestro modo de ver, la limitación del género está en sus contenidos. Quizá la complejidad misma de su elaboración haya conducido a que las temáticas sean muy limitadas y se reduzcan, en el ámbito infantil, a la comedia, como, por ejemplo, los conocidos *Mortadelo y Filemón, Zipi y Zape, Astérix,* y, en el género de aventuras, *Tintín* o *Superman.* Posiblemente muchos padres recuerden aún las ediciones de adaptaciones de la literatura universal al cómic que circulaban hace muchos años. Desde luego mucho nos divertimos con ellas, pero a pesar de ello, no dejan de ser sólo eso, adaptaciones, y el riesgo que se corre al manipular una obra siempre es excesivo, pues se tiende a eliminar elementos fundamentales del desarrollo de la historia que al final nos lleva a trivializarla y desvirtuarla.

Mención aparte merecen los famosos *mangas,* hoy toda una pasión. Este tipo de publicaciones no es otra cosa que una forma de cómic económica que ha dado muy buen resultado de mercado gracias a las series de dibujos animados inspiradas en ellos que se emiten por televisión. Es sencillo informarnos del contenido de las mismas. Sólo tenemos que sentarnos ante el televisor cualquier tarde y compartir con nuestros hijos la experiencia de este tipo de series. Los contenidos son obviamente discutibles desde el punto de vista pedagógico.

Los clichés de comportamiento que nos transmiten estos dibujos japoneses distan de los de nuestra sociedad años luz, y desde el punto de vista de nuestros psicólogos son muchas veces alarmantes. A pesar de ello, una vez más estamos atrapados por nuestro entorno. Prohibir la compra de estos cómics o la visión de las series no tendría mucho éxito, pues los niños no hablan de otra cosa en la escuela y juegan con los productos derivados de estos dibujos a todas horas. Así que una vez más lo que nos resta a los padres es contrarrestar su influencia con estrategia y mano izquierda. Si se aficiona a los *mangas*, no nos queda más remedio que comprarle también otro tipo de tebeos para que al menos observe otro punto de vista y otra manera diferente de entender el cómic.

Un cómic de vez en cuando es muy positivo porque los niños se divierten mientras leen. Así y todo, los padres vigilaremos para que en ningún momento se convierta en una lectura excluyente. En la mesilla de noche de nuestro hijo ha de existir variedad de formatos y géneros. Aunque él consiga determinar claramente sus preferencias, siempre podremos conducirlo hacia otros puntos con suavidad y estrategia.

## La poesía

En contra de lo que sucede con los cómics, que seguramente encontraremos un aparador repleto de ellos en la librería, la poesía es más bien escasa o, en el peor de los casos, inexistente. El hecho de que apenas se publiquen obras poéticas para niños deriva sencillamente de la errónea elección de los libros por parte de los adultos. Como acostumbran a ser ellos los que escogen la literatura que debe leer el niño y como todos sabemos que los aficionados a la poesía son muy escasos, el resultado es que esa misma carencia se refleja en el mundo infantil. Desde luego es un terrible error que no adquiramos obras poéticas a nuestros hijos, puesto que sus beneficios, sobre todo en las primeras etapas lectoras, son innumerables.

Desde antiguo a los pequeños se les regalaba con graciosas cancioncillas infantiles que todavía hoy aprenden en la escuela. Estas canciones no son más que poemas acompañados de música que resultan estimulantes, divertidos, y que ayudan enormemente en el correcto desarrollo del lenguaje y en el posterior acercamiento a los libros. No hay nada más apropiado para la lectura nocturna por parte de los padres que libros de poemas y rimas. El niño siente el ritmo del habla, su melodía y su cadencia, por ello son un magnífico recurso para el desarrollo del vocabulario y la gramaticalidad del lenguaje. Así nos lo recomienda Margarita E. Nieto Herrera en su libro *Sugerencias pedagógicas*, donde también aconseja la utilización de libros de adivinanzas, refranes, trabalenguas y rondas tradicionales.

**Recuerda**

☞ La poesía infantil, según muchos autores, es fundamental en la fase de primeros lectores. Recitarles a nuestros hijos poemas y jugar con ellos utilizando gestos y movimientos que tengan referencia con lo relatado es un modo de acercamiento y diversión conjunta que sólo atesora aspectos beneficiosos, tanto en el desarrollo del lenguaje como en la relación entre padres e hijos que en estos momentos de juego se estrecha hasta tal punto que quizá jamás sintamos tal cercanía con nuestros pequeños.

Los beneficios de la poesía no merman con el crecimiento del niño, por ello no debemos olvidarla cuando nuestro hijo lea correctamente y los cuentos nocturnos relatados por los padres se distancien en el tiempo. Las obras poéticas están impregnadas de una gran ternura que también a nosotros corresponde fomentar en el espíritu de los niños. En una sociedad marcada por la violencia, el estrés, la velocidad, no está de más ofrecer el contrapunto, la otra cara de la moneda, donde el ritmo cadencioso de la poesía y su dulce sensibilidad impregnen un poco la vida infantil.

Una vez más, y todas las que haga falta, volveremos sobre este punto: *jamás debemos obligar a una lectura*. Sugerir, regalar, ponerla al alcance del niño es lo adecuado. Sin embargo, a estas alturas ya hemos aprendido que él y sólo él debe decidir en última instancia. A los padres corresponde facilitar subrepticiamente aquel material de nuestra predilección y, de modo igualmente velado, poner todas las trabas posibles a aquel que no consideramos óptimo. Actuar abierta y drásticamente con obligaciones o prohibiciones suele provocar la actitud contraria de la que buscamos. Las prohibiciones son contraproducentes para los niños. Las imposiciones originan un rechazo visceral que, como hemos visto, se puede evitar con un poco de estrategia paternal.

## El teatro

Si la poesía infantil es escasa, el teatro lo es aún más. Difícilmente encontraremos en la librería alguna obra de teatro para que lean nuestros niños. Pero si tuviésemos la suerte de toparnos con una, no deberíamos dudar a la hora de adquirirla. El teatro, al constar sólo de diálogos, es fácil de leer y muy ameno para los pequeños, además de resultar un género infalible para la animación a la lectura. Nada más eficaz para estimular a los niños más reacios al mundo de los libros que representar con marionetas cualquier pequeña obra que caiga en nuestras manos, siempre y cuando su tema sea adecuado para su edad.

Para todos aquellos padres que no les asuste jugar con sus hijos, y deseen fervientemente estimularlos para que se apasionen por la lectura, el teatro es un género literario de posibilidades ilimitadas. Bien es verdad que primeramente deberán conseguir una obra que interese a sus hijos. A falta de material infantil, podemos recurrir a los nombres de siempre, como, por ejemplo, Molière, cuyas comedias muy posiblemente serán bien recibidas por los pequeños, con ciertas modificaciones que lamentablemente nos correspondería a los padres realizar.

Nos encontramos, pues, ante un trabajo arduo, pero a la vez interesante y altamente recomendado por su carácter marcadamente pedagógico. Poner en marcha una función con marionetas, animando a los niños a representar un papel y a recitarlo, acompañado del correspondiente personaje de trapo, es una experiencia que todas las familias deberían realizar con cierta frecuencia. No hay actividad más estimulante para los pequeños que sentirse parte de un emocionante proyecto de pequeño teatro, codo con codo con sus padres.

Bien es verdad que el ritmo de vida actual hipoteca todo nuestro tiempo y a veces nos sentimos desbordados e incapaces de encontrar un espacio en nuestra jornada para dedicárselo a nuestro hijo. Así y todo, ahí reside la responsabilidad de los progenitores. Siempre es posible disponer de un momento el fin de semana para proponer la realización de un proyecto tan interesante para el desarrollo de la personalidad infantil. Incluso podemos sugerir que sea el propio muchacho quien escriba la obra que más tarde, un día señalado, será representada, gracias a las marionetas, ante la familia.

Un teatrillo de guiñol es siempre un buen regalo para aquellos que todavía se resisten a la lectura. Un texto corto y ameno, unas marionetas y un ligero estímulo por parte de los padres es suficiente para empujar al niño hacia una actividad diferente, enriquecedora y muy, muy divertida. Una opción alternativa a la videoconsola o a la televisión.

Desde este manual animamos encarecidamente a todos los padres a intentarlo. Nuestros hijos valen el esfuerzo de dedicarles algo de nuestro tiempo. Los resultados serán visibles muy pronto.

## La prensa

Pocos periódicos en nuestro país dedican algún espacio diario al mundo infantil. La prensa está dirigida a los adultos, y si incluye una tira cómica o algunos pasatiempos es únicamente para divertir a los que han abandonado la infancia. El mundo de los niños no interesa excesivamente en las redacciones. Aunque los jóvenes de hoy vayan a ser los lectores de mañana, no sólo la prensa sino la sociedad en general se olvida de la necesidad que tiene de educar a sus niños como la única vía de crear un mundo mejor, más justo, más feliz. Parece mentira que, en un momento en que los padres se preocupan tanto de la educación de sus hijos, la infancia esté tan marginada. El día a día compete a los adultos, y éstos olvidan que el único camino para mejorar como humanidad pasa por el cultivo y la atención a los más jóvenes.

Quizá por ello en algunas redacciones de periódicos se empieza a tomar conciencia de que la responsabilidad es de todos y que sin apoyo de los medios los padres se encuentran demasiado solos para salir victoriosos de la ardua tarea de educar. En algunos diarios podemos encontrar algún pequeño conato de sección infantil. Bien es verdad que fundamentalmente se dejan guiar por la teoría pedagógica de la escuela, elaborando cuadernillos dirigidos a los profesores y colegios. Una vez más olvidan que el niño juega, que el niño se divierte, y, si no lo hace, jamás aprende. Jacqueline Held, en su libro *Los niños y la literatura fantástica,* nos dice que si el niño no se siente aludido y apasionado por lo que tiene entre manos esta lectura no dejará huellas duraderas. Es decir, que aquello que no interesa a los jóvenes no es bueno ni es malo, sencillamente es ignorado.

De este modo los niños ignoran los periódicos. Es un elemento ajeno a su mundo y que, además, no les dedica la más mínima atención. Quizá su único acercamiento a esas hojas grandes y llenas de letras se deba a que en algún momento sus padres les han animado a practicar la lectura utilizando los enormes caracteres de los titulares. Identificar letras y palabras es positivo, ayuda al pequeño en la ardua labor de aprender a leer, pero el periódico no es un instrumento infantil. Esto no quiere decir que queramos educar a nuestros hijos entre algodones, alejándolos de la dura realidad, sino sencillamente que los artículos periodísticos, con contadas excepciones, son casi ilegibles para los niños. Las noticias de agencia son un galimatías que ni siquiera un experto lector de cincuenta años es capaz a veces de desentrañar.

Nos gustaría, en muchas oportunidades, poder acercar al pequeño a la realidad cotidiana. Son los padres los únicos que pueden dar este paso hacia adelante. Son los únicos que pueden transmitir seguridad y evitar el miedo que la dureza del mundo real provoca en mentes todavía jóvenes. Posiblemente la mejor opción es contestar sinceramente a las preguntas que nos planteen sobre temas de actualidad. Los niños reciben mucha información diaria a traves de la televisión y la radio, no en vano vivimos en una sociedad donde los medios de comunicación son fundamentales. Así que en algún momento preguntarán y nosotros responderemos con el corazón en la mano, y, si tenemos la suerte de encontrar algún artículo medianamente interesante en el periódico, podremos sugerir su lectura aunque de forma experimental, puesto que ya sabemos que lo que aburre debe ser descartado. Si la prensa no le interesa al niño, debemos olvidarla.

Afortunadamente muchos periódicos españoles han optado por incluir, en los suplementos dominicales, pequeños cuadernillos infantiles con cuentos, información y cómics. En estos casos, desde luego, la adquisición y consumo de este material es altamente recomendable. La posibilidad de conseguir semanalmente, junto a la prensa adulta, una revista infantil integra a los pequeños en el mundo real, les hace participar del interés de sus padres en un producto ajeno a ellos. Fomentar la lectura de este tipo de revistas es una buena política. Al fin y al cabo, se ajusta a nuestra máxima: es divertido, por tanto válido para la educación.

## El cuento

Cuando nos referimos a los cuentos, hablamos de relatos cortos que normalmente consumen los más pequeños y que pueden ser tradicionales o modernos.

Los cuentos tradicionales han levantado mucha polémica por el afán protector y pedagógico de nuestra sociedad. El hecho de que un lobo se coma, sin más, a la abuela de Caperucita e intente devorar a la niña resulta a muchos padres y maestros una conducta muy poco edificante. Monstruos y brujas que engullen a niños y príncipes y princesas que buscan desesperadamente la manera de casarse parecen chocar de plano con la visión actual que rige nuestra comunidad.

Es la manida discusión sobre si la fantasía es contraria a la educación. *Los niños y la literatura fantástica* es un trabajo de Jacqueline Held que durante casi 200 páginas lo niega categóricamente. Pensar que los niños no se percatan de la diferencia entre lo real y lo fantástico no se mantiene en pie si uno observa a un pequeño durante unos minutos en cualquiera de sus juegos. El famoso ejemplo, que todos hemos vivido, de un niño jugando a las cocinillas y ofreciéndonos un trozo de papel como si éste fuera un delicioso pedazo de tarta nos indica que saben discernir perfectamente la realidad de la ficción. Sencillamente los pequeños juegan y aprenden jugando. Y no hay mejor sistema de aprendizaje para ellos que los cuentos.

Los padres que hayan seguido el manual al pie de la letra ya conocen la importancia de esas sesiones nocturnas en las que les leemos los cuentos. La entonación de la lectura, la percepción del humor en el tono de voz del adulto colocan la realidad y la ficción en su justo lugar. Un niño que ha escuchado de boca de su padre todos los cuentos de los hermanos Grimm no tiene dudas al respecto. El lobo se come a la abuela sólo en el cuento de Caperucita.

De todos modos también existen cuentos modernos, iluminados por la luz de las nuevas teorías pedagógicas. Relatos en los que las diferencias sexistas han sido eliminadas, donde el lobo sólo caza animales en la lejana montaña. La elección queda de nuevo en nuestras manos, abriéndonos el camino al éxito o al fracaso. Una vez más, aun a riesgo de resultar excesivamente cargantes, debemos reiterar que lo que buscamos es diversión. Educar divirtiendo es sinónimo de niños sanos, capaces de observar el mundo con espíritu crítico y de crear por sí mismos su propia realidad.

También el humor debe ocupar un lugar fundamental en los cuentos. Mucho se podría escribir sobre la importancia de enseñar a los niños desde el humor. Una fina ironía es capaz de desatar no sólo sonrisas cómplices en los pequeños, sino de activar gran cantidad de procesos mentales de relación y simbólicos que estimulan enormemente la mente infantil. Los cuentos están salpicados de alusiones irónicas que apasionan a los jóvenes lectores. La capacidad de comprender el humor y los chistes se presenta desde la más tierna infancia y se va desarrollando con el paso del tiempo. Es fundamental, desde luego, estimularla. Conseguir que un muchacho capte al vuelo una ironía es saber que se halla en posesión de las claves del lenguaje y de la comunicación humana, que es capaz de relacionar conceptos abstractos y de percibir el juego a los que éstos se someten.

La lectura en voz alta vuelve a ser fundamental en este aprendizaje, puesto que el niño advierte el tono y la inflexión de la voz del padre que le dan la clave y le señalan la existencia de ese curioso juego irónico que es nuevo para él. Las constantes exclamaciones que acompañan este tipo de narraciones, las onomatopeyas que tanto les gustan y el diálogo posterior a la historia, que propondremos mediante preguntas sobre el texto, completarán una sesión encantadora de aventura familiar.

Adiestrar al niño en las artes de captar el humor, de asomarse al mundo, real o imaginario, de comprender símbolos y ser cómplice de ellos es educarlo de un modo global para ser una persona completa y capaz de entender y cambiar el universo que le rodea y plenamente integrada en la sociedad en la que le ha tocado vivir.

## La novela

A partir de los ocho o nueve años nos topamos ya con pequeñas colecciones de novelas dedicadas a la infancia. En cualquier librería o gran superficie encontraremos un sinfín de títulos entre los que tendremos que elegir la adquisición del más adecuado para nuestro hijo.

Una vez más nos hallamos ante la disyuntiva de la fantasía o de la novela de costumbres, entendiendo por ésta la que trata temas y situaciones extraídos de la realidad.

Podría de nuevo mencionar el trabajo de Jacqueline Held en favor de la fantasía. Esta autora, refrendada por un sinnúmero de psicólogos, pedagogos y educadores, aboga por la implantación de la fantasía en las escuelas como modo de aprendizaje total y global, como la única manera de lograr ciudadanos capaces, libres, críticos y creadores de un mundo mejor para todos. Aunque, obviamente, este manual participa a pie juntillas de todos estos postulados, es obligado plantear la postura contraria, la de aquellos autores que consideran que sólo los libros reales son capaces de educar, puesto que proporcionan información fidedigna del mundo. Los monstruos, las hadas, los lobos comedores de niños quedarían, por tanto, excluidos.

La duda se nos plantea a los padres cuando llegamos a la librería con intención de adquirir el libro que nuestro hijo leerá cada noche en las próximas semanas. ¿Monstruos, hadas, o la vida en el altiplano peruano? Evitar las controvertidas teorías pedagógicas, que muchas veces ni siquiera entendemos, es el fin de este pequeño manual que pretende ser únicamente práctico. La opción ecléctica nos salva definitivamente del error. Terrible sería que por optar por una de las alternativas priváramos a nuestros hijos de algún tipo de conocimiento. Nos movemos únicamente para procurarles bienestar y una educación adecuada, y por ello evitaremos la elección.

En una buena biblioteca infantil hay espacio para todo. Muchos días por delante y muchas noches en las que leer. La vida en el altiplano peruano también puede resultar muy excitante, pues muestra una realidad ajena a los pequeños que les abre los ojos a otros puntos de vista y a otros estilos de vida. Sin embargo, esto no debería desbancar a la fantasía que proporciona conocimientos abstractos, puntos de vista complejos que permanecen en nuestros hijos para siempre, siendo utilizados cuando su propia evolución lo requiere.

Por ello es común que a los más pequeños les encanten las historias de terror y de miedo que les ponen la carne de gallina y los pelos de punta. De entrada, jamás les dejan indiferentes, les apasionan y les atraen, y, segundo, les ayudan a canalizar sus propios miedos y plasmarlos en monstruos, brujas y malvados que se hallan en los libros explícitamente y que ellos pueden dominar, optando por leer o cerrar el volumen cuando el miedo vaya en aumento. La fantasía abre caminos insospechados en el cerebro del niño. Le ayuda a explorar sus propias sensaciones y a aprender a controlarlas.

La imaginación es parte fundamental de la humanidad, es sencillamente su esencia. Nos diferencia del resto de los seres vivos y es el motor del progreso. No debemos dejarnos engañar y pensar que nuestros hijos se verán afectados por la fantasía y que ésta los arrastrará lejos de la realidad. A través de la fantasía se puede ver el mundo y cambiarlo. Impedir que la imaginación se desarrolle, eliminar la fantasía infantil es un terrible acto que no debemos permitir. No deseamos jóvenes idénticos, que sigan un solo camino, que jamás innoven en su vida, que permanezcan tranquilos sentados en sus pupitres sin un pensamiento más alto que otro.

Dar rienda suelta a la imaginación de nuestros hijos es estimularlos en su crecimiento, es impulsarlos a conocer el mundo, a ver, a aprender y a preguntar. El mundo se comprende desde el punto de vista de cada persona. Un bosque no significa lo mismo para un leñador que para un pintor. El niño debe buscar su propio significado. Sólo estimulando su desarrollo alcanzará una respuesta adecuada a su propio entender y a su propia vida. Para esto les animamos a leer: para que aprendan a vivir divirtiéndose. No hay ninguna asignatura en la escuela que se dedique a estos menesteres. Enseñar a vivir corresponde a los padres, que utilizan como herramienta sus lecturas nocturnas de cuentos y novelas.

Capítulo 10

# Internet y la lectura

Con la aparición de Internet y las nuevas tecnologías muchos vaticinan la desaparición del libro. En los próximos cien años podría variar el soporte de la lectura, es decir, el libro quizá no conste de páginas escritas en papel, puede que nos sorprendan facilitando la lectura en la pantalla, cosa que hoy todavía es imposible a causa de lo cansado que resulta. Sea como fuere, la lectura no sólo permanecerá, sino que será mucho más importante. Las sociedades prósperas se componen de ciudadanos lectores, y en esa dirección avanzamos. Ese futuro lejano no nos afectará a nosotros y puede que tampoco a nuestros hijos; sin embargo, hoy las nuevas tecnologías e Internet han aportado innovaciones y nuevos materiales muy interesantes para el desarrollo lector de los niños.

Es importante que los padres desechen sus miedos ante la red de redes, Internet. Es ésta una herramienta que representará un papel fundamental en la vida de nuestros hijos y nos corresponde a nosotros introducirlos en ese mundo, conduciéndolos siempre de la mano. Privarlos de las nuevas tecnologías a causa de temores infundados no sería lo adecuado para el desarrollo del niño, cuya vida se desenvolverá, de ahora en adelante, vinculada a la red como un elemento cotidiano.

A estas alturas existen infinidad de programas que evitan la visita a páginas poco recomendables, impidiendo de este modo que nuestro hijo eluda la vigilancia a la que debemos tenerlo estrechamente sometido. De todas formas es fundamental que los pequeños se sienten ante el ordenador siempre al lado de sus padres. Internet es como el mundo exterior y está plagado de peligros, como una gran avenida de cualquiera de nuestras ciudades. De la misma manera que hasta determinada edad no permitimos a los niños salir solos, debemos impedir que permanezcan horas y horas conectados a la red sin la supervisión de un adulto.

Existen páginas muy interesantes para el mundo de la infancia, con cuentos, juegos y secciones participativas en las que el muchacho podrá escribir sus propios relatos e incluirlos junto a los de muchos otros niños. Es, pues, un buen incentivo para animar a los que se resisten a la lectura. Leer es siempre leer, y si nuestro hijo se empecina en no abrir un libro podremos intentar que lea relatos a través de la red.

También existen libros electrónicos como *LibroTotal*, especialmente diseñados para muchachos que no son aficionados a la lectura. Es una buena opción para aquellos padres que han utilizado todo tipo de estrategias lectoras con su hijo sin obtener resultados. Estos libros se adquieren vía correo electrónico, de tal modo que los padres recibirán un archivo que después tendrán que imprimir para su niño. Estos libros están acompañados de juegos de ordenador, juegos de mesa e incluso manualidades, todo con el fin de atraer al muchacho hacia la aventura y familiarizarlo con los personajes de la historia. La idea principal de este novedoso producto infantil es la colaboración del pequeño en la construcción del libro como algo físico. Si se opta por la impresión a una sola cara, el niño dispone de mucho espacio para resolver los pasatiempos que se sugieren en el texto. Ilustraciones, imágenes para colorear, juegos de errores, sopas de letras aderezan el relato como gancho para conquistar al muchacho que no disfruta con la lectura y agudizar sus destrezas mentales y a la vez lectoras.

Una vez más la estrategia paterna entra en juego.

**Recuerda**

☞ Si los libros no le interesan podemos acercarlo a la red con el pretexto de los juegos de ordenador. La tecnología produce un gran poder de atracción en los niños, acostumbrados al mundo tecnológico desde su nacimiento.

Podemos utilizar esta fascinación en beneficio propio. Introducirlo en la red para, después de permitirle jugar con el material lúdico proporcionado, por ejemplo, por *LibroTotal,* atraparlo en una historia que no le quedará más opción que leer.

Como vemos, las nuevas tecnologías no tienen por qué ser enemigas de la lectura. Bien es verdad que con tantos medios al alcance de los niños, es difícil que éstos dispongan de tiempo para dedicarlo a los libros. Afortunadamente el ratito de antes de dormirse nos hemos encargado de mantenerlo a salvo de tentaciones tecnológicas. Cuando llega la noche, el libro aguarda en la mesilla para que, después de unos minutos de lectura, termine la jornada.

## Capítulo 11

# Retardo lector

Muchas veces el rechazo de los niños a la lectura no es meramente una cuestión de gustos. Muchos pequeños tienen problemas a la hora de aprender a leer, motivados por alguna anomalía que en manos de especialistas puede ser resuelta sin demasiados problemas. Normalmente son los profesores los que nos alertan de que nuestros hijos requieren una especial ayuda para superar la primera fase de su educación en la que es tan importante la lectura. Sin embargo, como padres no debemos despistarnos y dejar en manos ajenas lo que con un poco de atención podemos percibir nosotros mismos, y ante la más mínima duda deberemos acudir a un profesional cualificado.

Son los varones los que en su mayoría suelen presentar algún tipo de disfunción lectora que precisa intervención especializada —las niñas sufren estas anomalías en menor medida—. Por ello debemos permanecer alerta y fijarnos en el desarrollo del pequeño, tanto en madurez y en el aprendizaje del lenguaje como en sus evoluciones lectoras.

Si percibimos en el pequeño alguna deficiencia a la hora de centrar su atención, concentrarse en una tarea, seguir instrucciones, comprender las señales de tráfico o los anuncios, así como el contenido abstracto de libros, periódicos o revistas, quizá nos hallemos ante un problema de retardo lector. No nos va a resultar difícil identificarlo. Podemos percatarnos al advertir que el pequeño tiene dificultades al pronunciar ciertos grupos de letras, o bien cuando confunde repetidamente un sonido por otro o sencillamente es incapaz de comprender el texto que le hemos leído. Ha llegado el momento de consultar con el profesor. Una rápida visita nos ayudará a evaluar su situación y a buscar la ayuda necesaria en la escuela. Con el apoyo adecuado en los primeros años, el niño recuperará sin dificultades el nivel de madurez de sus compañeros y habremos conjurado el problema antes de que aparezca.

Muchos de los síntomas enumerados pertenecen a muchachos con problemas de *dislexia*. No es ésta únicamente una dificultad lectora, puesto que afecta en conjunto al desarrollo del niño y a su edad intelectual, si bien se hace más patente durante el proceso lector. Como hemos dicho anteriormente, leer es una actividad compleja que pone en jaque a todo el cerebro infantil y que precisa de un laborioso aprendizaje en el que es preciso que el estado del pequeño sea óptimo.

También los problemas de visión e incluso de dicción y audición se perciben sin demasiadas dificultades cuando se observa y se escucha leer a los niños. Por ello es interesante que les animemos a que nos lean cuentos también a nosotros, para así verificar que el desarrollo del muchacho progresa correctamente.

Si nuestro hijo se acerca en exceso al libro, quizá necesite una visita urgente al oculista. Si tartamudea con frecuencia, no pronuncia ciertos sonidos o tiene dificultades para captar otros, será conveniente acudir a un especialista que en cuestión de un curso o dos podrá solucionar el problema definitivamente, impidiendo que éste se agrave y produzca profundos trastornos en la madurez intelectual y en la socialización del pequeño.

Así pues, hay que estar atentos. No esperemos a que todo lo detecten los profesores. Interviniendo rápidamente y atajando el problema de raíz eludiremos muchas complicaciones y le evitaremos mucho dolor y sufrimiento al niño, que al fin y al cabo es quien padece en sus carnes la diferencia de evolución con respecto a sus compañeros.

Una vez detectado el retardo lector y puesto en conocimiento del especialista o profesor, el trabajo de los padres aún no ha terminado. Trabajo es la constante en la correcta educación de un niño. Por ello Robert E. Valett, en su libro *Dislexia*, en el que analiza uno de los problemas lectores más corrientes, nos da una serie de consignas para tratar a los niños con dificultades de aprendizaje. Son veinte puntos fundamentales que cualquier padre debería conocer, independientemente de que su hijo tenga problemas con la lectura, puesto que no buscan nada más que el desarrollo global del muchacho.

1. Escuche a sus hijos lo más posible (intente realmente captar su «mensaje»).
2. Exprese su cariño tocándolos, abrazándolos, haciéndoles cosquillas, peleando con ellos (necesitan mucho contacto físico).
3. Busque y refuerce sus posibilidades, intereses y aptitudes; ayúdeles a utilizarlas como compensación de cualquier limitación o incapacidad.
4. Recompénseles con elogios, buenas palabras, sonrisas y palmadas en la espalda, con la mayor frecuencia posible.
5. Acépteles por lo que son y por su capacidad humana de crecimiento y desarrollo.

6. Implíqueles en la planificación de normas, programas y actividades familiares.
7. Cuando se porten mal, dígaselo y explíqueles cómo se siente usted ante su conducta; después propóngales conductas alternativas.
8. Ayúdeles a corregir sus errores y equivocaciones diciéndoles o demostrándoles lo que deberían hacer. ¡No les regañe!
9. Utilice la fuerza y los azotes sólo cuando sea absolutamente necesario y, en ese caso, asegúrese de que tiene un propósito correctivo.
10. Asígneles tareas de responsabilidades familiares siempre que pueda.
11. Asígneles una paga lo antes posible y ayúdeles a planificar gastos.
12. Proporcióneles juguetes, juegos, actividades motoras y oportunidades que estimulen su desarrollo.
13. Léales y lea con ellos historias divertidas. Anímeles a hacer preguntas, a hablar de las historias, a contarlas y releerlas.
14. Fomente su capacidad de construcción, reduciendo las distracciones ambientales lo más posible (proporcióneles un lugar de trabajo, de estudio, de juego).
15. ¡No les juzgue por los cursos escolares! Es importante que progresen según sus propios ritmos y que sean recompensados por hacerlo.
16. Lléveles a bibliotecas y anímeles a escoger y a examinar los libros que le interesen. Haga que compartan sus libros con usted. Proporcióneles libros interesantes y material de lectura en casa.

17. Ayúdeles a desarrollar la autoestima y a que compitan con ellos mismos más que con los demás.
18. Insista en que cooperen socialmente, que entretengan, ayuden y sirvan a los demás en la familia y en la comunidad.
19. Sírvales de modelo leyendo y analizando los temas de interés personal. Comparta con ellos algunos de sus pensamientos sobre lo que lee o hace.
20. No dude en consultar con los maestros u otros especialistas cuando lo crea necesario y para saber mejor qué debe hacer para ayudar a su hijo.

A primera vista podría parecer que estos interesantísimos veinte puntos no se circunscriben al ámbito lector y al problema de la lectura que acucia a nuestro hijo. No obstante, esto no es así, puesto que el desarrollo del niño es global; para alcanzar un progreso lector óptimo sus facultades deben haberse desarrollado adecuadamente, y por ello es tan fundamental conseguir un correcto nivel de madurez. El amor, la atención, la dedicación, la participación y las caricias encierran las claves para conseguir que nuestros hijos crezcan sanos en cuerpo y alma.

Capítulo 12

# Conclusiones

Llegados al final, no nos queda más que resumir los puntos fundamentales que este pequeño manual práctico intenta transmitir a los padres. A lo largo de estas páginas hemos tratado de resaltar la importancia que tiene la literatura para el correcto desarrollo intelectual y personal de nuestros hijos. Ahora sabemos que es fundamental aficionarlos a la lectura para convertirlos en personas capaces de pensar por sí mismas, de entender el entorno, de contemplarlo sin miedo y con espíritu crítico. Educar personas libres y de mentes abiertas pasa por aficionarlos a los libros desde la infancia.

En este manual hemos mantenido una máxima inamovible: *leerles cuentos antes de dormir.* De esta manera iniciaremos en los primeros años una afición a los relatos que, con un poco de dedicación y estímulo, les acompañará hasta el final de sus días.

Del mismo modo que alimentamos el cuerpo de los niños adecuadamente, debemos proporcionar alimento para su espíritu, de otra manera incurriríamos en una terrible dejación de espantosas consecuencias para la correcta socialización y para el progreso de nuestro pequeño. Por ello jamás olvidaremos leerles un cuento antes de acostarnos. Nunca pospondremos esta labor para mañana.

Los libros infantiles que encontraremos en las librerías o en las áreas comerciales suelen facilitarnos indicaciones sobre el tramo de edad para el que la obra está recomendada. Aun así, siempre debe ser el propio niño, animado, estimulado y supervisado por sus padres, el que escoja entre todos los volúmenes aquel que más le sugiera tras leer la sinopsis.

Siguiendo este criterio, cualquier libro que elija el pequeño es adecuado, independientemente del género literario al que pertenezca (cómic, teatro, poesía, novela, etc.). Así y todo, teniendo en cuenta el beneficio que para la construcción de su propia personalidad y la comprensión de su entorno tiene la literatura fantástica, nos aseguraremos de que siempre se deslice algún que otro título con este contenido, sin perder de vista que la variedad es siempre enriquecedora y altamente positiva.

No debemos olvidar que ciertos géneros como la poesía, el cuento y el teatro están especialmente indicados para padres que tengan que trabajar con sus hijos en el camino de aficionarlos a la lectura. Las poesías recitadas en alto, una función de teatro con marionetas y el relato de un cuento cada día son herramientas indispensables en la tarea diaria con los niños y siempre dan muy buenos resultados.

Desde nuestras limitadas posibilidades debemos luchar para que los poderes públicos y los medios de comunicación atiendan como es debido el mundo de la lectura infantil porque de ello depende el futuro de nuestra sociedad y la capacidad de los padres de educar ciudadanos de progreso, libres y críticos.

Por otra parte es interesante no volverle la espalda a las nuevas tecnologías que ya forman parte de la vida cotidiana de los pequeños y marcarán su futuro. Los padres deben permanecer siempre al lado de sus hijos mientras los inician en la aventura de Internet, buscando en la red páginas con contenido educativo y que trabajen en favor de la lectura. Novedosos materiales, como *LibroTotal*, abren las puertas a la afición a los libros a través de Internet y son un medio eficaz para estimular el gusto por la aventura.

La atención y la dedicación en la labor de educar para la lectura nos ayudará a percatarnos de los problemas lectores que nuestro hijo puede sufrir. Una visita rápida al médico o al especialista, una fluida comunicación con el maestro, y por encima de todo nuestro cariño y apoyo, solucionarán los conflictos antes de que se manifiesten con gravedad, permitiendo un desarrollo intelectual y social adecuado.

**Recuerda**

☞ No podemos olvidar que la imposición no es el camino. Los padres deben actuar estratégicamente y llevar a sus hijos por la senda de la literatura solapadamente. La actividad fundamental de los niños debe ser el juego y la diversión, y en ésta debe introducirse la lectura. Si los libros no divierten no nos sirven para nada. La diversión y el juego son los puntales fundamentales del desarrollo y la evolución del niño. Los libros deben seguir este criterio.

Leer es entrar en un universo mágico que nos enseña a vivir, nos abre los ojos a los otros y nos convierte en seres humanos. De su mano sus hijos descubrirán las maravillas que los rodean y aprenderán a comprenderlas y a comprenderse, ayudados por la literatura. Es difícil encontrar el lugar de cada uno en el mundo, pero es fácil comenzar a buscarlo desde la más tierna infancia a través de los libros, que proporcionan la capacidad de abstracción necesaria para comprender la complejidad del universo que nos rodea.

Esperamos haberles ofrecido con este manual unas sencillas pautas de conducta y haberles señalado el camino en dirección a los libros. Su dedicación, interés y amor por los pequeños harán el resto, y entre todos conseguiremos en el futuro un mundo mejor basado en nuestro trabajo con los adultos del mañana.

# Guía básica de lectura

## Guía por edades

| | |
|---|---|
| De 0 a 5 años | *Marejadilla*<br>*Deditos y Cosquillitas*<br>*Hansel y Gretel*<br>*El patito feo* |

| | |
|---|---|
| Desde 6 años | *Hermano de los osos*<br>*El paranguaricutirimicuaro que no sabía quién era*<br>*La camisa del hombre feliz*<br>*El príncipe feliz*<br>*Pulgarcito* |

| | |
|---|---|
| Desde 9 años | *Ochir*<br>*Anastasia Krupnik*<br>*Ramona y su padre*<br>*Las aventuras de Tom Sawyer*<br>*Sandokan, el rey del mar*<br>*Los tres mosqueteros* |

| | |
|---|---|
| Desde 12 años | *Harry Potter*<br>*El misterio de la isla de Tökland*<br>*Endrina y el secreto del peregrino*<br>*Moby Dick*<br>*La llamada de la selva*<br>*Veinte mil leguas de viaje submarino* |

| | |
|---|---|
| Desde 14 años | *El club de los asesinos limpios*<br>*El extraño caso del doctor Jekyll y mister Hyde*<br>*Kim de la India*<br>*Las aventuras de Arthur Gordon Pym*<br>*Los papeles póstumos del Club Pickwick* |

## Notas

El capítulo 6 de este manual, «Elegir un libro», nos muestra las claves para escoger las lecturas más apropiadas para nuestro hijo. Hemos hablado de la importancia de conocer sus intereses para garantizar el éxito de la selección, y también hemos señalado la conveniencia de prestar atención a las recomendaciones sobre la edad que contiene cada volumen. Entre las muchas indicaciones vertidas en busca del *mejor* libro, podemos recordar las seis reglas del psicólogo norteamericano Mortimer J. Adler:

1. Los más leídos, y no durante una temporada, sino a lo largo de los años.
2. Los más populares, es decir, los más sencillos o menos rebuscados.
3. Los que son siempre contemporáneos, que no han perdido interés a lo largo de los años.
4. Los que se leen mejor. No aburren, ni pesan y son ricos en ideas y sugerencias.
5. Los más instructivos. Que suelen contener ideas originales.
6. Y los que tratan de los problemas de la vida humana y que le pueden ocurrir a cualquiera de los lectores.

Basándose en estos principios y dividiéndola por edades, hemos realizado una posible lista de títulos, para elaborar una biblioteca repleta de buena literatura, en la que, desde luego, los clásicos tendrán un peso especial, siguiendo el primer principio formulado por Mortimer J. Adler: libros que han sido durante años los más leídos.

No olvidaremos por ello títulos más recientes que, desde su aparición, han contado con el favor de los lectores: no aburren, ni pesan y son ricos en ideas y sugerencias.

Con este material de primera calidad empapado de emociones, entusiasmo, ironía, misterio, fantasía y también realidad, intentaremos invertir la actual tendencia a un alejamiento paulatino de los niños y jóvenes de los libros. Nuestra biblioteca reúne los elementos necesarios para hacer de nuestro hijo un apasionado lector. Cualquier otra sería igualmente posible y todas lo son si acudimos a la biblioteca.

# De 0 a 5 años

Anteriormente hemos abordado la importancia de los materiales, el formato y el colorido de los cuentos y álbumes para los primeros lectores. Las librerías nos ofrecen verdaderas maravillas en este campo, pero a pesar de ello, y continuando con la regla de leer a nuestros hijos, no olvidaremos los cuentos que deben ser relatados por los padres, con más texto y menos imágenes.

Es fundamental tener presente que en este momento estamos preparando a nuestros hijos para aprender a leer; por eso, además de rodearlos de libros, debemos ocuparlos en actividades que contribuyan a facilitar esta habilidad. Les hablaremos correctamente sin manipular las palabras y les animaremos a prestar atención a su entorno, llevándolos de paseo y abriéndoles los ojos a las personas y cosas que les rodean. Interactuar con el entorno y con otros niños o adultos es tan importante como proporcionarles materiales de escritura y de lectura.

Nuestra biblioteca para primeros lectores contendrá tanto las últimas novedades en formato infantil como los tradicionales cuentos clásicos que de ningún modo podrán ser relegados a un segundo plano. Hemos de procurar beneficiarnos de las innovaciones editoriales en el mundo de los más pequeños, sin olvidar que grandes literatos se han dedicado a este público tan exigente. En estos últimos casos nos abstendremos de señalar una sola versión editorial, ya que existen numerosas adaptaciones infantiles de estos autores y todas nos parecen igualmente valiosas.

**_Marejadilla_**
**Christophe Miralles**
**Edelvives, 2003**
**Libro de baño**

La colección *Marejadilla* es un ejemplo de libro de baño que no debe faltar en nuestra primera biblioteca. Aunar la lectura y los juegos es fundamental para fomentar el gusto por los libros; por ello no debemos desechar ninguno de los divertidos formatos que se nos ofrecen para los más pequeños, y mucho menos los cuentos con sorpresa (con muñecos o sonidos), que siempre resultan muy estimulantes. Cualquiera de ellos será maravillosamente recibido por nuestros hijos. La edad recomendada es muy importante; también debemos asegurarnos de que los materiales no son tóxicos y pueden ser mordidos sin peligro. Estas indicaciones deben aparecer bien visibles en el volumen. Si no es así, deséchelos y elija otro en el que se informe correctamente de los pormenores de la edición. Nos evitaremos sorpresas desagradables.

*Marejadilla* nos ofrece hasta cuatro distintas historias relacionadas con el entorno acuático, gracias a las cuales el niño juega mientras aprende, y todo durante el baño.

***Deditos y Cosquillitas***
**Ana María Pelegrín**
**Espasa Calpe, 1994**
**Libro de poemas**

La poesía debe estar obligatoriamente presente en nuestra biblioteca de los primeros años. Canciones, acertijos y rimas son fundamentales para prestar oído a los sonidos, aprender a distinguir los tonos de voz y los ritmos. Nuestra colaboración en este tipo de volúmenes es absolutamente necesaria. Cantar y leerle a nuestros hijos estas poesías fomentarán la complicidad entre adultos y niños, tan necesaria para un correcto desarrollo intelectual.

Como ejemplo, hemos elegido *Deditos y Cosquillitas* porque no sólo deberemos recitar los poemas, sino también acompañarlos con gestos con los que los niños irán conociendo su cuerpo: brazos, piernas, manos, dedos, etc. Las ilustraciones son un punto fundamental en el relato.

### *Hansel y Gretel*
### Jacob (1785-1863) y Wilhem Grimm (1786-1859)

A partir de los tres años ya podemos dedicarnos a poner en práctica de lleno la consigna de este manual: leer cada noche a nuestros hijos. Para ello, qué mejor elección que los cuentos clásicos de toda la vida que tan bien encajan en la primera regla de Mortimer J. Adler. Son los más leídos a través de los años.

*Hansel y Gretel* sólo es uno del centenar de títulos con los que los hermanos Grimm nos regalaron. *Los tres cerditos, Caperucita roja, Blancanieves, La cenicienta, El sastrecillo valiente, Rumpelstikin, La bestia peluda, El acertijo, El agua de la vida,* y un larguísimo etcétera de bellísimos relatos infantiles, mil veces adaptados, leídos y copiados. Cualquiera de ellos nos muestra el encanto de la magia de los cuentos que, entre brujas, hadas, príncipes y animalitos parlanchines, enseñan a los niños realidades tangibles de su vida cotidiana.

*Hansel y Gretel* nos habla de dos hermanos que, por desobedecer a sus padres, son víctimas de una malvada bruja que a punto está de comérselos.

El mensaje es claro: desobedecer siempre trae terribles consecuencias y nada es lo que parece, pues una casa de chocolate, tan sabrosa y atractiva, puede convertirse, de pronto, en una verdadera cárcel.

Mensajes sencillos que valoran la amistad, el esfuerzo, la bondad, la generosidad y que nos previenen contra malvados ocultos abarrotan los cuentos de los hermanos Grimm. No olvidemos leérselos a nuestros hijos cada noche. La diversión está garantizada.

## *El patito feo*
## Hans Christian Andersen (1805-1875)

Recordar a Hans Christian Andersen es obligado si hablamos de cuentos infantiles. Enumerar la multitud de adaptaciones de las narraciones de este autor sería prácticamente imposible; no en vano, el 2 de abril, día de su nacimiento, se celebra el Día Internacional del Libro Infantil.

*El soldadito de plomo, La pastora y el deshollinador, El porquerizo real, El ruiseñor, El traje nuevo del emperador, La princesa del guisante, Los zapatitos rojos, El lobo y los siete cabritillos, La pequeña cerillera, El hombre de nieve, El ave fénix, El duende de la tienda*... La lista podría ser interminable y resultar realmente deliciosa. Cualquiera de estos cuentos tiene garantizado un lugar en nuestra biblioteca.

Este literato, de talla internacional, consiguió trasladar al mundo infantil conceptos básicos de la vida, expresándolos de un modo llano y claramente comprensible para los más pequeños. Desde luego, sería injusto terminar sin mencionar la pureza formal de las narraciones de este autor que las convirtió en verdadera literatura. No podemos permitirnos excluirlos de nuestra biblioteca. Son fundamentales a todas las edades, pero, gracias a la gran cantidad de adaptaciones, encontraremos muchas adecuadas a los primeros años de nuestros hijos.

Hemos seleccionado el conocidísimo *Patito feo* por la universalidad de su mensaje. Hoy, en un mundo donde el aspecto exterior marca nuestras relaciones, nunca es demasiado pronto para conocer la dolorosa experiencia del patito protagonista. La idea de la diferencia está presente en todo el relato. Transmitir a los más pequeños el concepto de la diferencia, desde un punto de vista positivo, es educar. *El patito feo* educa y divierte.

# Desde 6 años

A partir de que los niños comienzan a leer, además de continuar narrándoles historias cada noche, debemos animarles a lanzarse a la lectura por sí mismos. Los cuentos, que hasta ahora escuchaban, pueden ser ya leídos. Los títulos que anteriormente hemos mencionado como historias para ser narradas, ahora se convierten en los primeros libros de nuestro hijo. Conocer el relato con anticipación ayuda enormemente en los inicios de los primeros lectores. Leer una y otra vez un cuento no es sólo muy estimulante para los pequeños, sino también divertidísimo. Cada lectura aporta una nueva idea, detalle o sentimiento, anteriormente no captado. Para sentir pasión por los libros es preciso comprenderlos y en los primeros años no es tan fácil; falta madurez y entrenamiento.

Cada uno de los libros escogidos para la biblioteca infantil propiciará el adiestramiento lector necesario y contribuirá al correcto desarrollo intelectual del niño. Éste deberá participar siempre en la elección de los títulos. Es importante implicarles en la selección y animarles a que expresen sus gustos. De todas formas, procuraremos que los contenidos sean lo más variados posible, tanto los fantásticos como los mencionados por Mortimer J. Adler en su sexta regla: los que tratan de los problemas de la vida humana.

***Hermano de los osos***
**Käthe Recheis**
**Anaya, 2000**

Un buen ejemplo de libros que tratan los problemas de la vida humana, desde el punto de vista de un niño, es *Hermano de los osos*. El protagonista es un pequeño indio, huérfano de padre y madre, que está a cargo de su tío, que no parece hacerle mucho caso. El abandono del protagonista, la problemática para enfrentarse con la vida y la participación de un sinfín de animales salvajes son los ingredientes utilizados por Käthe Recheis para mantener el interés del lector novel desde el inicio del relato hasta el mismo fin.

Esta autora austriaca, nacida en 1928 y que atesora numerosos premios internacionales de literatura infantil y juvenil, se ha dedicado a difundir y promover la cultura de los indios de Norteamérica, sobre la que versa esta historia. Incluir en nuestra biblioteca infantil narraciones de distintas culturas y sensibilidades es fundamental para fomentar conceptos tan necesarios como la igualdad, la solidaridad y la universalidad, tan importantes para una correcta educación.

***El paranguaricutirimicuaro que no sabía quién era***
**José María Plaza**
**Espasa Juvenil, 1998**

Si atendemos a la cuarta regla de Mortimer J. Adler —los libros que se leen mejor son los que no aburren ni pesan y son ricos en ideas y sugerencias—, podemos incluir en nuestra biblioteca este libro de José María Plaza, periodista y escritor burgalés que, además de un laureado autor de literatura infantil y juvenil, también destaca por sus obras de divulgación y antologías.

*El paranguaricutirimicuaro que no sabía quién era* recibió el prestigioso Premio Mirlo Blanco de la Biblioteca Internacional de la Juventud de Múnich, tal vez porque a través de un relato fantástico e imaginativo enfrenta al pequeño lector con la complejidad y diversidad del entorno y con la necesidad de conocerse a sí mismo.

Moho, el protagonista de esta historia, desborda curiosidad por el mundo que le rodea. Pronto inicia un fabuloso viaje en el que conocerá a los extraños habitantes que pueblan el largo camino y se presentará a ellos para descubrir las diferencias entre él y los otros.

Entre las obras de este autor dedicadas al público infantil y juvenil podemos mencionar: *No es un crimen enamorarse* (que figura en la Lista de Honor de la C.C.E.I.), *Que alguien me quiera cinco minutos*, *Me gustan y asustan tus ojos de gata*, *Mi casa parece un zoo*, etc.

### *La camisa del hombre feliz*
### Leon Tolstoi (1828-1910)

Imposible pasar por alto este excelente cuento de Tolstoi, un cuento leído sin descanso a través de los años; un clásico. La camisa del hombre feliz es obra de un genio de la literatura universal nacido en Rusia: Leon Tolstoi. Autor de clásicos como *Guerra y paz* o *Ana Karenina*, también aplicó su talento al cuento infantil. En este caso, el estilo sofisticado de los grandes títulos se torna en un lenguaje claro y simple concebido para transmitir con nitidez ideas complejas al mayor número de personas.

En el relato elegido, el zar busca a un hombre feliz para, con su camisa, poder curar el mal que le aflige. Sin embargo, cuando al fin se topan con el sujeto en cuestión, descubren que no posee camisa alguna. Con este sencillo argumento el autor elabora un encantador relato que ningún niño se debería perder.

Enumeraremos otros títulos de este excelente autor fáciles de encontrar en cualquier librería en diversas adaptaciones y ediciones: *Aprendiendo a montar, Dos amigos que se van, El prisionero del Cáucaso, Mi perro Bolita, Los faisanes, Milton y Bolita, El viejo caballo, El incendio*, etc.

## *El príncipe feliz*
## Oscar Wilde (1854-1900)

Como podemos comprobar, no resulta difícil elaborar una biblioteca infantil de calidad. Los nombres de grandes escritores, suficientemente contrastados por el paso del tiempo y las modas, se suceden en esta guía de lectura. Desde luego, Oscar Wilde, exponente del esteticismo, artista, poeta, novelista, dramaturgo y crítico de arte, no podía faltar en nuestra estantería.

A pesar de su fama de polémico, rebelde y excéntrico, dedicó a sus hijos dos colecciones de historias fantásticas que, con un lenguaje claro y directo, resaltan diferentes valores humanos, como la generosidad o la bondad. Este maestro de la narración sabe cómo mantener el interés del lector mediante ingeniosos diálogos y descripciones de delicada belleza. Su habilidad para transmitir profundos sentimientos y para destruir barreras sociales le hicieron merecedor de la fama que ahora disfruta, pero también de la cárcel con la que sus contemporáneos castigaron su afán de libertad.

La estatua del *Príncipe feliz* dominaba toda la ciudad. Sus ojos de zafiros, su cuerpo de láminas de oro y el rubí que brillaba en su espalda constituían el orgullo de los habitantes de la villa. Una dulce golondrina se pondrá a las órdenes del bondadoso príncipe para repartir felicidad a todos los hogares.

*El ruiseñor y la rosa*, *El gigante egoísta*, *El cohete famoso*, *La casa de las granadas*, *El crimen de lord Arthur Saville*, *La piel de naranja*, *La esfinge sin secreto* son otros títulos que tendremos presentes.

### *Pulgarcito*
### Charles Perrault (1628-1703)

De entre todas las obras nacidas de la pluma de este autor francés, las que han soportado admirablemente el paso del tiempo son sus famosísimos *Cuentos de Perrault*, también llamados *Cuentos de mamá oca*, cuyo nombre se debe a la ilustración que figuraba en la cubierta de la edición original. Estos relatos que el escritor recogió del acervo popular y convirtió en obras literarias nos han llegado con la misma frescura y espontaneidad con las que fueron concebidos. El lenguaje sencillo y directo y sus famosos finales felices inauguran el género literario de los cuentos de hadas, imprescindibles en una biblioteca infantil.

*Pulgarcito* era un niño del tamaño de un dedo pulgar. Su menguada estatura no iba a la par de su inteligencia. La artimaña de recoger guijarros blancos para marcar el camino y así poder regresar a casa ha sido narrada una y otra vez a niños de todo el mundo.

Tan destacados como *Pulgarcito* son otros cuentos del escritor que igualmente tienen un lugar preferente en nuestra biblioteca infantil: *Barba azul*, *La bella durmiente*, *Cenicienta*, *El gato con botas*, *Caperucita roja*, *Las hadas*, *Riquete el del copete*, *Piel de asno*, etc.

# Desde 9 años

Con 9 años, si hemos seguido atentamente los pasos de este manual, nuestro hijo ya se habrá convertido en un activo lector y él mismo seleccionará los libros que prefiere, los que más se ajustan a sus gustos. Nuestra misión entonces será únicamente procurarle cierta variedad, de tal forma que, de vez en cuando, pueda toparse con un volumen de contenido distinto al que él suele escoger. Si es aficionado a la novela, un libro de poemas sería un regalo adecuado. *Caracola, Cancioncilla sevillana, Canción Fonte,* los tres de Federico García Lorca, son ejemplos de poesía apropiada para esta etapa de la vida.

Tampoco soslayaremos el teatro, y entre los autores recomendados mencionaremos tanto a Rafael Alberti, con *La pájara pinta* (1932), como a su amigo Federico García Lorca, con *La niña que riega la albahaca* y *El príncipe preguntón* (1923).

Pero si no hemos conseguido nuestro objetivo de hacer de nuestro hijo un lector, todavía estamos a tiempo. Con paciencia y siguiendo las indicaciones de este manual, intentaremos conquistarlo para el mundo de la literatura. Los libros que escojamos para llevar a cabo este proceso serán la garantía del éxito o del fracaso de nuestra misión.

**_Ochir_**
**Milagros Oya**
**Everest, 1997**

Con *Ochir,* libro de la autora de este manual, intentaremos atraer al muchacho reacio al mundo de la lectura. Para ello utilizaremos una historia que evoca la vida de un pequeño mongol. Las vicisitudes de un niño, en otro país, en otras circunstancias, con inquietudes distintas y en un ambiente totalmente desconocido suelen resultar atractivas, puesto que proporcionan la visión de un mundo nuevo y extraño para el lector.

Utilizando las técnicas aprendidas, nos convertiremos en ayuda y evitaremos el acoso. Forzar y obligar a leer no conduce en absoluto a la afición. Con paciencia procuraremos compartir la lectura y estar atentos a las reacciones de nuestro hijo. Si este tema no le resulta atractivo, rápidamente actuaremos en consecuencia.

Existen infinidad de volúmenes entre los cuales hallaremos justo lo que le interesa. Nuestra pasión por lo que leemos es el mejor ejemplo para convencer a los niños de que leer es realmente excitante.

*Anastasia Krupnik*
**Lois Lowry**
**Espasa Juvenil, 1987**

La sexta regla de Adler —libros que tratan de los problemas de la vida y que le pueden ocurrir a cualquier lector— nos lleva en esta ocasión hasta la obra de Lois Lowry, una autora estadounidense con una larga trayectoria profesional en el mundo de la literatura infantil. Como ella misma declara, a pesar de que su estilo y sus contenidos han ido variando con el tiempo, una idéntica idea parece presidir todas sus obras: la importancia de las relaciones humanas y el papel que representamos en las vidas de las personas que nos rodean.

Anastasia Krupnik es uno de los personajes preferidos de la autora, que reconoce que Anastasia es la niña de diez años, positiva y extravertida, que ella siempre había deseado ser.

Los padres de la protagonista, la inminente llegada del bebé, la anciana abuela y Washburn Cummings, el chico del que Anastasia se enamora, marcan el desarrollo de la niña y su maduración como persona. En un cuaderno verde acostumbra a recoger los testimonios del camino sin retorno en el que se convierte su vida, siempre en constante proceso de cambio.

Entre las aventuras de la familia Krupnik podemos mencionar: *Anastasia tiene problemas*, *Anastasia de nuevo*, *Anastasia elige profesión*, *Anastasia a sus órdenes*, *Anastasia está al mando*, *Anastasia tiene las respuestas*, *Anastasia vive aquí* y *Anastasia, por supuesto*.

**Ramona y su padre**
**Beverly Cleary**
**Espasa Juvenil, 1987**

La obra de esta autora estadounidense está especialmente indicada para niños de diez años, por la sencillez del lenguaje, la rapidez con la que fluyen las historias y, sobre todo, por el humor de cada una de las páginas. Éste será uno de nuestros mejores aliados para aficionar a nuestros hijos a la lectura.

*Ramona y su padre* es una de las obras de la autora sobre este personaje infantil, Ramona, que ha alcanzado tanto éxito entre los pequeños lectores. Ramona es una niña divertida y traviesa, a veces algo contestataria, pero con un enorme corazón. En este episodio se enfrentará con la pérdida del trabajo de su padre y las tensiones familiares que ello produce en su hogar.

La risa preside todo el relato y garantiza la diversión indispensable para aficionar a los niños a la lectura. En *Ramona y su padre* está asegurada.

Si nuestro hijo prefiere otra actividad para ocupar su tiempo de ocio, haremos una lectura compartida de esta divertidísima novela que no en vano trata de la complicidad entre padres e hijos. Leerle en voz alta unas páginas y después sugerirle que continúe fomentará su afición.

Otros títulos de esta autora son: *Querido señor Henshaw* (galardonado con la medalla Newbery 1984), *¡Viva Ramona!*, *Ramona empieza el curso*, *Ramona y su madre*, *Ramona la valiente*, *El mundo de Ramona*, etc.

### *Las aventuras de Tom Sawyer*
### Mark Twain (1835-1910)

La secuela de este libro, *Las aventuras de Huckelberry Finn*, ha sido considerada la obra maestra de este escritor y humorista estadounidense. El realismo de sus historias, el irreverente sentido del humor, el lenguaje utilizado por sus memorables personajes, las detalladas descripciones de los lugares donde se desarrollan las historias y el profundo odio a la hipocresía y la opresión conforman el perfil de la obra de un autor clave, emocionante y divertido.

Casas abandonadas, cementerios, crímenes, tesoros, piratas... Todo esto y muchísimo más se esconde tras las páginas de *Las aventuras de Tom Sawyer.* El protagonista crece y madura durante la novela unido íntimamente al río Mississippi. Aunque está repleta de humor y de exuberancia narrativa, no se olvida de denunciar la crueldad humana. Esta crónica sobre un muchacho americano es garantía de triunfo.

*Un yanqui en la corte del rey Arturo, Viajes alrededor del mundo siguiendo el ecuador, El príncipe y el mendigo, Vida en el Mississippi, Un vagabundo en el extranjero* son algunas de las obras de este autor por las que podemos optar para nuestra biblioteca.

**_Sandokan, el rey del mar_**
**Emilio Salgari (1862-1911)**

Este autor italiano es uno de los más leídos de todos los tiempos. Su obra se considera una de las que más han influido en la cultura popular de los últimos noventa años. Su estilo directo, intenso y de gran fuerza expresiva terminó por renovar el panorama de la literatura infantil y juvenil y claramente influenció el lenguaje de medios como el cine y la novela de acción.

*Sandokan, el tigre de Malasia* es su héroe por excelencia, el más formidable de los protagonistas. Sus asombrosas aventuras narran la lucha por recuperar la isla de Mompracem, el reino de este legendario corsario, de manos de los invasores ingleses. La emoción está servida desde la primera página hasta el final, sin posibilidad de pausa. Los argumentos veloces, combinados con personajes audaces e ideas positivas, han contribuido a que sus libros no hayan sido olvidados.

La libertad personal, la afición a los viajes, a los riesgos y a las aventuras son algunas de las constantes de este escritor de Verona, de biografía enigmática y final trágico, que podemos observar en cualquiera de sus obras: *Los piratas de Malasia, Los tigres de Mompracem, El Corsario Negro, Yolanda, la hija del Corsario Negro, El león de Damasco, El buque maldito, Robinsones, Invierno en el Polo Norte, El capitán Tormenta, Los náufragos de Liguria*, etc.

## *Los tres mosqueteros*
## Alejandro Dumas (1802-1870)

El autor del famoso libro *Los tres mosqueteros* es Alejandro Dumas padre, uno de los escritores franceses más leídos en todo el mundo. Su especialidad era la novela histórica y por ello se sumergió en un estudio profundo de la historia de su país. Muchas de sus obras fueron escritas por entregas. Eran boletines periódicos cargados hasta los topes de fantasía, emoción, inventiva y una clara y correcta arquitectura narrativa con evidentes valores estéticos. Es uno de los grandes de la literatura universal y como tal debe tener un espacio reservado en nuestra biblioteca.

Con *Los tres mosqueteros*, Dumas crea un nuevo género novelesco basado en la historia de Francia. Athos, Porthos y Aramis, acompañados de D'Artagnan, son los héroes de esta narración. Valientes, apuestos, astutos y duelistas, los mosqueteros se lanzarán a la aventura en favor de la reina Ana de Austria y en contra del malévolo y manipulador cardenal Richelieu.

De lectura obligada, tanto para niños como para adultos, Dumas nos garantiza emoción y diversión en cualquiera de sus obras: *El conde de Montecristo, El caballero de Harmental, El caballero de la casa roja, El collar de la reina, El tulipán negro, La boca del infierno, Los hermanos corsos, Un Gil Blas en California*, etc.

# Desde 12 años

Es ésta una edad en la que el lector suele estar ya plenamente formado. Los niños demuestran su pasión por la literatura en la claridad de gustos y en la preferencia de colecciones y autores. Como se establece en el epígrafe anterior, la diversidad en la lectura es siempre positiva y deseable. Por ello debemos estar alerta a la hora de compensar la biblioteca de nuestro hijo con volúmenes de contenido variado, cubriendo los espacios que sus intereses no contemplen.

Permitirle que se acueste unos minutos más tarde, si está leyendo, es una buena estrategia y resultará muy eficaz y satisfactoria para un lector reacio.

A veces el bajo interés por la literatura está motivado por la falta de comprensión lectora. Si nos percatamos de que nuestro hijo todavía no entiende por completo lo que lee, le ayudaremos a entrenarse en esta disciplina, solicitando que nos lea y nos explique recetas de cocina, horarios de transportes públicos, instrucciones de electrodomésticos, etc. Así y todo, si el niño sigue manifestando un claro rechazo por la lectura, aún podemos realizar un último intento de atraerlo al maravilloso mundo de los libros. Utilizaremos tácticas sencillas como continuar leyéndole en voz alta novelas algo más extensas, aunque ellos ya conozcan las técnicas lectoras. Compartir las emociones y comentar el desarrollo de la aventura estimulará al muchacho a continuar con el relato iniciado por sus padres.

### *Harry Potter*
### J. K. Rowling

No podíamos dejar de mencionarlo y mucho menos de utilizarlo. Después del bombardeo mediático al que todos, adultos y niños, hemos estado sometidos en los últimos años, a causa de las distintas entregas de este niño mago, como padres o educadores debemos aprovechar esta circunstancia en nuestro favor. Regalar *Harry Potter* es entregar un libro que, a buen seguro, el niño se avendrá a leer, lo que no es poco en casos de lectores reacios. Por tanto, al menos uno de los volúmenes tiene garantizado un espacio en nuestra biblioteca.

No es éste el lugar apropiado para una crítica profunda sobre esta controvertida obra. En este manual lo único que pretendemos es que los niños aprendan a amar la lectura, y *Harry Potter*, como compendio de la tradición de historias de magos, brujas y ogros de nuestra cultura occidental, resulta un libro divertido, fácil de leer, emocionante y estimulante para los muchachos.

Si nuestro hijo se ha convertido en un apasionado de las aventuras, seguro que ya lo habrá leído. Si no es así, sirvámonos del negocio que lo rodea y empujemos al lector remiso a enamorarse también de *Harry Potter*.

***El misterio de la isla de Tökland***
**Joan Manuel Gisbert**
**Espasa Juvenil, 1981**

Garantizar diversión y emociones fuertes es nuestra mejor arma para fomentar la lectura. La fantasía en su estado más puro debe tener, por tanto, un lugar eminente en nuestra biblioteca. Joan Manuel Gisbert es un autor de literatura fantástica muy reconocido, de la llamada «corriente renovadora» que impulsó el género a partir de finales de los setenta. Sus novelas han recibido los más importantes galardones (Premio C.C.E.I., el Lazarillo, el de la Crítica, el Nacional de Literatura Infantil, etc.), por la calidad de sus historias, la riqueza léxica y la brillantez de las tramas. Es un indiscutible maestro del género fantástico, de ficción y aventuras.

En *El misterio de la isla de Tökland* el autor toca uno de sus temas favoritos: los laberintos y los enigmas. Anastase Kazatzkian, un excéntrico millonario, alquila la isla de Tökland y en sus profundidades instala un laberinto repleto de terribles trampas e indescifrables enigmas que esconden el más fabuloso secreto. Un reto para aventureros, científicos y soñadores que acuden para desentrañar el inquietante misterio que se oculta en la isla.

La diversión está garantizada tanto para niños como para adultos. Por este motivo es una novela adecuada para compartir con nuestro hijo.

Otros títulos del autor: *La mansión de los abismos*, *El museo de los sueños*, *Leyendas del planeta Thámyris*, *La maldición del arquero*, etc.

**_Endrina y el secreto del peregrino_**
**Concha López Narváez**
**Espasa Juvenil, 1987**

A pesar de que el nivel lector del género femenino es superior al masculino, eso no impide que, tal vez, nuestra hija se resista a la literatura. La autora ha merecido prestigiosos galardones (Premio Lazarillo, Premio C.C.E.I., etc.), y aquí nos ofrece una novela con protagonista femenina muy citada como libro «no sexista». Con ella, cualquier muchacha podrá sentirse una aventurera, disfrutar del misterio de la trama, conocer la vida y costumbres del Medievo, la significación del Camino de Santiago y la relación de España con la Europa medieval. Además descubrirá que una mujer puede protagonizar un libro de aventuras sin parecer ridícula, pueril, asustadiza, o supeditada a la figura masculina.

En plena Edad Media, una joven pastora se erige en protagonista de un misterio que comienza en Roncesvalles y que la llevará a descubrir un Camino de Santiago repleto de emociones y personajes curiosos.

Aunque esta novela encantará tanto a muchachos como a muchachas, estas últimas disfrutaran del delicado tratamiento de la heroína, alejado de los tópicos negativos y cargantes al uso.

De Concha López Narváez destacaremos: *La tierra del sol y la luna, La colina de Edeta, El fuego de los pastores, El silencio del asesino, Beltrán el erizo, Beltrán en el bosque*, etc.

### *Moby Dick*
### Herman Melville (1819-1891)

A pesar de que en vida este novelista estadounidense nunca vio reconocido su talento, hoy nadie puede negar que es una de las principales figuras de la historia de la literatura.

Su obra maestra, *Moby Dick*, se refiere al nombre de la ballena blanca que arrancó las piernas del capitán Ahab a la altura de las rodillas. El patrón del ballenero *Pequod* se lanza con toda su tripulación a una desesperada búsqueda del enemigo. Para Ahab, la ballena Moby Dick es la encarnación de todos los males, y contra ella sostiene una venganza personal que arrastrará a la muerte inútil de muchos inocentes. El ambiente trágico, la atmósfera poética, el ritmo angustioso del relato y su condición de alegoría parcial convierte a esta odisea oceánica en una obra deliciosa, capaz de transformar en ávido lector al más impenitente de los reacios.

Otras obras recomendadas del autor: *Typee, Omoo, Mardi, Redburn, Cuentos de Piazza, Benito Cereno, Bartleby el escribiente, Las encantadas*, etc.

### *La llamada de la selva*
### Jack London (1876-1916)

Otro título de esos que han convertido en apasionados lectores a millones de niños a lo largo de los años. La novela narra la historia de Buck, un dócil perro doméstico que después de ser robado y vendido a unos delincuentes, se verá abocado a la dura vida de los perros de trineo. Es la lucha por la supervivencia de un ser civilizado, obligado a volver a su estado primitivo. Una clásica novela de aventuras que embelesa al muchacho desde las primeras páginas. El estilo brutal, apasionado y vivo del autor le ha llevado a cautivar lectores en cualquier lugar del mundo, de ahí que haya sido traducido a numerosas lenguas.

Siempre emocionante, Jack London atesora obras tan importantes como *Colmillo Blanco*, *El hijo del lobo*, *Los de abajo* y *El lobo de mar*.

## *Veinte mil leguas de viaje submarino*
## Julio Verne (1828-1908)

Hemos seleccionado este título sólo por azar. Cualquiera de las ochenta novelas de este autor francés tendría un espacio garantizado en nuestra biblioteca. La obra de Julio Verne es una de las más leídas en el mundo. Han sido traducidas a 112 idiomas. Desde luego, supera con creces la primera regla de Mortimer J. Adler: «Los más leídos, y no durante una temporada, sino a lo largo de los años». La aventura pura y simple es lo que Verne nos ofrece.

En *Veinte mil leguas de viaje submarino* se nos presenta uno de sus personajes más humanos y mejor perfilados, el capitán Nemo, que, al mando del submarino, aún no inventado, *Nautilus,* vaga sin rumbo de un lugar a otro del mundo.

El primero de los libros de Verne, *Cinco semanas en globo,* ya resultó un éxito en 1862, cuando se publicó. Muchos señalan este hecho como el nacimiento de la literatura juvenil. Desde entonces, viajes, inventos fascinantes, intrigas, héroes intrépidos y exploraciones se mezclaron por igual en la vastísima producción de este autor de novelas de aventuras por excelencia. *Los hijos del capitán Grant, La isla misteriosa, Dos años de vacaciones, Un capitán de 15 años* son sólo unos ejemplos entre más de ochenta.

# Desde 14 años

A partir de los 14 años el lector ya está preparado para abordar cualquier tipo de lectura. Un muchacho de esta edad es ya un adolescente, y si hasta ahora no ha adquirido el saludable hábito de la lectura, difícilmente podremos encauzarlo por el buen camino. De todos modos, lo intentaremos utilizando estrategias mucho más drásticas que las adoptadas hasta el momento.

Un primer paso será limitar el tiempo de la videoconsola, la televisión o el ordenador. Esta decisión provocará grandes protestas, pero a esta edad hay que imponer cierta disciplina. Después, para suavizar el rechazo, suele dar resultado facilitarles un tiempo para la lectura, librándoles de alguna actividad del hogar que consideren engorrosa, como poner la mesa o pasar la aspiradora.

No es fácil doblegar la negativa de un adolescente, por eso no hay que desechar ninguna estrategia. Una buena táctica puede ser suscribirle a una revista que trate temas que le interesen, sobre todo si se preocupa de comentar los contenidos con su hijo. Involucrarse es muy importante; hay que tener siempre presente que *hablar y escuchar* a nuestros hijos es fundamental en la ardua tarea de la educación. Animarles a que colaboren leyéndonos aquellas noticias del periódico que consideremos estimulantes, mientras estamos ocupados con la plancha o la cocina, producirá un efecto positivo, sobre todo si acto seguido nos interesamos por sus opiniones y sus puntos de vista. Y cómo no, les agasajaremos con alguno de los libros sugeridos en este espacio y comentaremos juntos el contenido.

### *El club de los asesinos limpios*
**Blanca Álvarez**
**Espasa Juvenil, 2000**

A lo largo de este manual hemos insistido en la importancia de la lectura para el desarrollo intelectual y emocional de los niños. Los libros les abren los ojos a otras realidades ajenas y les enseñan que el mundo que les rodea está conformado por los distintos puntos de vista de las personas que lo habitan. Como muestra de esta diversidad hemos escogido *El club de los asesinos limpios*. Esta novela de misterio de la autora asturiana Blanca Álvarez, además de presentarnos una historia detectivesca, intrigante, emocionante y entretenida, nos acerca a dos nuevos retos de la sociedad actual: la interculturalidad y el problema de la inmigración.

Antonio, el protagonista, no sólo se enfrenta a un intrigante misterio que tendrá que investigar, sino que también conocerá las vidas de muchachos de otras culturas a los que la necesidad ha traído a nuestro país. La amistad que nacerá entre los jóvenes abrirá la mente del lector hacia la enriquecedora diferencia, fomentando la tolerancia, el respeto y la admiración de las distintas culturas con las que, afortunadamente, se verá abocado a toparse a lo largo de su vida.

Diversión, intriga y conocimiento del entorno son las aportaciones de *El club de los asesinos limpios* a nuestra biblioteca juvenil.

De la bibliografía de Blanca Álvarez mencionaremos: *El escritor asesino*, *Malú y el marciano del ordenador*, *Caracoles, pendientes y mariposas*, *El corazón del diablo*, *Un club de fútbol hechizado*, etc.

***El extraño caso del doctor Jekyll y mister Hyde***
**Robert Stevenson (1850-1894)**

Además de la conocidísima *La isla del tesoro,* este novelista, ensayista y poeta escocés escribió esta novela de terror que recomendamos. La tenebrosa ambientación, el suspense, la trama detectivesca y la mismísima tupida niebla de Londres envuelven el conflicto entre el bien y el mal; la dualidad entre la bondad y la perversión que el afamado doctor Jekyll vivirá en sus propias carnes.

Este versátil autor del siglo XIX todavía despierta vivo interés entre los lectores de hoy día, a causa del talento con el que expresa los mitos y símbolos eternos y la habilidad con la que los combina con el suspense y el terror. *El extraño caso del doctor Jekyll y mister Hyde* es una novela fascinante para todas las edades y quizá una de las más adecuadas para captar a un lector reacio todavía joven. Existen en la actualidad ediciones magníficas, algunas absolutamente terroríficas, que atraerán la atención de nuestro hijo adolescente desde el primer momento.

Además de novelas fantásticas y de aventuras como *La isla del tesoro, Las aventuras de David Balfour y Weirde, La flecha negra, El señor de Ballantree* y la inconclusa *Weir of Herminston,* considerada su obra maestra, Stevenson escribió libros de viajes como *Viaje tierra adentro* y *Viajes en burro por las Cevannes,* entre otros.

### *Kim de la India*
### Rudyard Kipling (1865-1936)

Para arrancar a nuestro hijo de la oscuridad de un mundo sin letras, utilizaremos a un verdadero genio de la literatura, el primer premio Nobel de lengua inglesa. Kipling nació en Bombay (India) y escribió relatos, novelas y poemas, principalmente ambientados en la India y Birmania durante la época del gobierno británico. De prosa ágil, amena y siempre emocionante, puede resultar el mejor antídoto contra la fobia lectora.

*Kim de la India* es una novela picaresca que nos relata la vida de la India con el protagonismo de un muchacho, mitad británico, mitad indio, y con el suspense y la intriga de una narración de espías. Atrapa desde el inicio y, además de divertir, nos abre los ojos a una realidad ajena y lejana, siempre enriquecedora.

Entre sus novelas o relatos largos más populares figuran *La luz que se apaga*, *Capitanes intrépidos*, *Stalky & Cía*, y entre lo más destacable en poesía podemos mencionar *Baladas del cuartel* y *Las cinco naciones*.

## *Las aventuras de Arthur Gordon Pym*
## Edgar Allan Poe (1809-1849)

Nadie mejor para ayudarnos a mostrar la emoción y fascinación de la lectura que el creador del género policíaco y de ciencia ficción. Este autor norteamericano es el primer maestro del relato corto de misterio. Escritor, poeta y crítico literario, fue el precursor de la novela policíaca. Su soberbia construcción argumental, la morbidez de su inventiva, la penetrante melancolía de las atmósferas descritas, la inquietud y el escalofrío que provoca en cada línea le han proporcionado fama mundial. Edgar Allan Poe sabe estremecer a los lectores, atraparlos y conmoverlos mediante terroríficos recursos argumentales y formales.

*Las aventuras de Arthur Gordon Pym* es un relato estremecedor de la peripecia vivida por un joven polizón embarcado en una travesía marcada por la tragedia. Disfrutar con esta emocionante historia es más fácil que no hacerlo; por tanto, la dificultad con la que nos encontramos es conseguir que nuestro hijo lea la primera página. A partir de ahí, el mismo Poe se encargará de convencer al lector de que es imposible cerrar el libro hasta que termine la narración.

Entre sus relatos más famosos: *El escarabajo de oro*, *Los crímenes de la calle Morgue*, *El pozo y el péndulo*, *La carta robada*, *La caída de la casa Usher*, *El corazón delator*, *El barril de amontillado*, *El gato negro*, etc.

**_Los papeles póstumos del Club Pickwick_**
**Charles Dickens (1812-1870)**

Charles Dickens es uno de los novelistas más conocidos de la literatura universal. Maneja con maestría tanto las técnicas narrativas como el sentimiento trágico de la vida, el humor, la ironía o la crítica social. Famosas son sus descripciones de personajes y lugares, tanto reales como imaginarios. La tristeza, la melancolía, incluso el melodrama son constantes de las novelas de Dickens. Sin embargo, en el libro escogido, *Los papeles póstumos del Club Pickwick*, el humor y la ironía son los elementos más destacados. Los inolvidables personajes de este autor están excepcionalmente trazados y la fina psicología, de la que hacen gala constantemente, contribuye a aportar realidad a los relatos.

El Club Pickwick, fundado por Samuel Pickwick, apoyado por otros tres pickwickianos, pone en marcha una sociedad dedicada a realizar memorias auténticas de sus viajes e investigaciones. Un insólito tono satírico está presente en toda la obra, provocando divertidísimos momentos que nos arrastran, incluso, hasta la risa. El humor fino e inteligente de Dickens es otro activo que debemos utilizar para convencer a nuestros hijos de que leer es una fantástica experiencia. *Los papeles póstumos del Club Pickwick*, sin duda, lo demostrarán.

Magníficas novelas han brotado de la pluma de este escritor inglés. Mencionaremos *La pequeña Dorritt*, *Grandes esperanzas*, *Nuestro amigo común*, *Oliver Twist*, *La tienda de antigüedades*, *Barnaby Rudge*, *Tiempos difíciles*, *Historia de dos ciudades*, etc.

# Bibliografía

ALLER MARTÍNEZ, CARLOS, y ALLER GARCÍA, CARLOS: *Juegos y actividades de lenguaje oral*, Marfil, Alcoy (Alicante), 1991.

ALLER MARTÍNEZ, CARLOS, y otros: *Estrategias lectoras. Juegos que animan a leer,* Marfil, Alcoy (Alicante), 1990.

BAQUÉS I TRENCHS, MARIAN: *Juegos previos a la lecto-escritura*, CEAC, Barcelona, 1989.

BETTELHEIM, BRUNO: *Psicoanálisis de los cuentos de hadas*, Grijalbo, Barcelona, 1984.

BOWDOIN, RUTH, y TORRE, JUAN CARLOS: *Los padres son maestros*, Temas de Hoy, Madrid, 1988.

BRAVO VALDIVIESO, LUIS: *Dislexias y retraso lector*, Santillana, Madrid, 1985.

BRUNET, ROSA, y MANADÉ, M.ª: *Cómo organizar una biblioteca*, CEAC, Barcelona, 1991.

FREINET, CÉLESTIN: *El método natural de lectura*, Laia, Barcelona, 1976.

GARNER FINN, JAMES: *Cuentos infantiles políticamente correctos*, Circe, Barcelona, 1998.

GESELL, ARNOLD, y otros: *El niño de 1 a 5 años*, Paidós, Buenos Aires, 1973.

HAVELOCK, ERIC A.: *La musa aprende a escribir*, Paidós, Barcelona, 1996.

HELD, JACQUELINE: *Los niños y la literatura fantástica. Función y poder de lo imaginario*, Paidós, Ecuador, 1987.

LENNEBERG, ERIC H., y otros: *Fundamentos del desarrollo del lenguaje*, Alianza, Madrid, 1982.

NAVA, S. J.: *El lenguaje y las funciones cerebrales superiores*, Impresiones Modernas, México, D. F., 1979.

NIETO HERRERA, MARGARITA E.: *Retardo del lenguaje. Sugerencias pedagógicas*, CEPE, Madrid, 1990.

PASCUAL GARCÍA, PILAR: *La dislalia*, CEPE, Madrid, 1990.

PATTE, GENEVIÈVE: *¡Dejadles leer! Los niños y las bibliotecas*, Pirene, Barcelona, 1988.

PELEGRÍN, ANA: *Cada cual atienda su juego*, Cincel, Madrid, 1984.

PÉREZ-RIOJA, JOSÉ ANTONIO: *La necesidad y el placer de leer*, Popular, Madrid, 1988.

PIAGET, JEAN: *El nacimiento de la inteligencia en el niño*, Crítica, Barcelona, 2003.

RECASENS, MARGARITA: *Cómo jugar con el lenguaje*, CEAC, Barcelona, 1986.

RICO, LOLO: *Si tu hijo te pide un libro...*, Espasa Hoy, Madrid, 1999.

ROGERS, CARL R.: *El proceso de convertirse en persona*, Paidós, Buenos Aires, 1961.

SÁNCHEZ CORRAL, LUIS: *Literatura infantil y lenguaje literario*, Paidós, Barcelona, 1995.

SARTO, MONTSERRAT: *Animación a la lectura*, Ediciones SM, Madrid, 1998.

STEINER, RUDOLF, y otros: *La sabiduría de los cuentos de hadas*, Rudolf Steiner, Madrid, 1987.

TOUSSAINT, JEAN-PHILIPPE: *La televisión*, Anagrama, Barcelona, 1999.

VALDESPINO, L.: *La educación preescolar en zonas marginadas*, Trillas, México, 1985.

VALETT, ROBERT E.: *Dislexia*, CEAC, Barcelona, 1983.

VIGOTSKY, LEV S.: *La imaginación y el arte de la infancia*, Akal, Madrid, 1982.

# Webgrafía

Cuentos clásicos
www.personales.mundivia.es/llera/cuentos/cuentos.htm

Kids Ideas
www3.gratisweb.com/kidsideas/cuentos.html

Cuentos japoneses antiguos para niños
www.mhtml.ulis.ac.jp/~myriam/futsu/mokusp.html

El Caserón del Miedo
www.nenos.com

Cuentos mágicos inolvidables
www.cuentosmagicos.com/

Cuentos de Hans Christian Andersen
www.geocities.com/Athens/Forum/2867/25.htm

El Bosque de Cricri
www.cricri.com.mx/

La cama mágica de Bartolo
www.fortunecity.com/victorian/milton/239/index.html

El Principito
www.geocities.com/SunsetStrip/Palladium/5538/in-dexprince.html

Cuentos de la chica intrépida
www.villanos.net/intrepida/

Los cuentos de papá
www.ven.net/loscuentos/